言葉かけから環境づくりまで

不安を自信に変える

保育のかかわり
見直し
BOOK

寳川雅子 著

中央法規

# はじめに

　この本に興味をおもちくださりありがとうございます。

　この本を手に取ってくださったあなたは、よりよい保育を行っていきたい、そのためのヒントを得たいとお考えではないでしょうか。そのような気持ちをおもちの方が保育に携わってくださることは、子どもにとっても幸せなことだと思います。

　近頃、さまざまな意味で保育に注目が集まっているように感じます。皆さんは、このような状況を「嫌だなあ、やりにくいなあ」と否定的に受け取りますか。それとも、「これを機に保育を見直し、よりよい保育にしていこう」と、受け取りますか。

　保育は、ここから始まっているのかもしれません。物事を否定的にとらえて可能性をつぶしてしまうのか、あるいは肯定的にとらえて、少しでも可能性を見出そうとするのか。ひょっとするとこのような考え方が保育に影響を与えているのかもしれません。

　保育は、子ども・職員・保護者等、人と人とのかかわりが織りなす場です。せっかくのご縁ですから、笑顔を増やしていけると誰もが幸せになると思いませんか。

　保育という行為は、すぐに結果が出ません。本当にこれでよいのかと悩み、迷い、不安になることもしばしばでしょう。悩むということは、よりよい保育を行おうと心掛けていることにつながると思います。この本は、保育を実践しておられる先生方にご意見を伺い、アドバイスを得ながら執筆いたしました。この本を、保育のアイデアを増やすサポートの一つとして、子どもの権利を保障する保育を行うためのきっかけづくりとしてご活用くださることを切に願っております。

　子どもの権利の保障は、あなたのかかわりから始まっています。

2024年6月

寶川雅子

# もくじ

# ③ チームで保育をするために必要なこと

\\ 園全体で確認しよう！/

# 安心して保育を
# 行うためのポイント

# ① 安心して保育を行うための3つのポイント

　保育場面では、「これでいいのかな」「誰かに何か言われたらどうしよう」など、不安や迷いを伴うことがしばしばあります。そこで、少しでも安心して保育を行うためのポイントを3つ紹介します。皆で話し合い、情報共有し、共通認識をもって保育を行いましょう。

## ポイント1　人に見られても「大丈夫」な保育をしているか

### ◆ 誰かに見られているという意識

　保育所等では、子どもをさまざまな事件や事故から守るため、散歩などを除いては、施錠された敷地・施設のなかで保育が行われています。そのことで、第三者の大人にとっては、何をしているのかわからない不透明な印象を与えてしまうのかもしれません。何もわからないというのは、疑問や不安、誤解を招きやすい状況です。あなたの園・クラスに急な来客があったとしても、いつも通り

の保育が行えるよう、常に心掛けて保育を行いましょう。「誰かに見られている」と意識をすることが、自身の保育を振り返り、保育を客観的に見直すきっかけになります。

## ポイント2　判断の基準を理解しているか

### ◆「不適切な保育」とは

　保育中、「これって『不適切な保育』？」と、ふと悩むことがありませんか？　それは、自身の保育を客観的に見つめ、振り返ることができているからです。悩むことは、「不適切

な保育」防止の第一歩です。しかし、そう悩んだということは、「大丈夫ではない可能性もある」かもしれません。

　子どもの虐待や不適切な保育には、定義があります。この定義が、「これってどうかな？」と悩んだときの判断材料になります。

　こども家庭庁は、「保育所等における虐待等の防止及び発生時の対応等に関するガイドライン」（2023年5月）を作成し、子どもの虐待や不適切な保育について詳しく説明しています（一部抜粋）。

○ 保育所等における虐待等については、児童福祉施設の設備及び運営に関する基準などにおいて、「児童福祉施設の職員は、入所中の児童に対し、法第三十三条の十各号に掲げる行為その他当該児童の心身に有害な影響を与える行為をしてはならない」と規定されており、虐待等の行為は禁止されている。

○ 保育所等における虐待とは、保育所等の職員が行う次のいずれかに該当する行為である。また、下記に示す行為のほか保育所等に通うこどもの心身に有害な影響を与える行為である「その他当該児童の心身に有害な影響を与える行為」を含め、虐待等と定義される。
①身体的虐待：保育所等に通うこどもの身体に外傷が生じ、又は生じるおそれのある暴行を加えること。
②性的虐待：保育所等に通うこどもにわいせつな行為をすること又は保育所等に通うこどもをしてわいせつな行為をさせること。
③ネグレクト：保育所等に通うこどもの心身の正常な発達を妨げるような著しい減食又は長時間の放置、当該保育所等に通う他のこどもによる①②又は④までに掲げる行為の放

置その他の保育所等の職員としての業務を著しく怠ること。
④心理的虐待：保育所等に通うこどもに対する著しい暴言又は著しく拒絶的な対応その他の保育所等に通うこどもに著しい心理的外傷を与える言動を行うこと。

各行為類型の具体例としては下記のとおりである。

身体的虐待

首を絞める、殴る、蹴る、叩く、投げ落とす、激しく揺さぶる、熱湯をかける、布団蒸しにする、溺れさせる、逆さ吊りにする、異物を飲ませる、ご飯を押し込む、食事を与えない、戸外に閉め出す、縄などにより身体的に拘束するなどの外傷を生じさせるおそれのある行為及び意図的にこどもを病気にさせる行為。打撲傷、あざ（内出血）、骨折、頭蓋内出血などの頭部外傷、内臓損傷、刺傷など外見的に明らかな傷害を生じさせる行為　など

性的虐待

下着のままで放置する。必要の無い場面で裸や下着の状態にする。こどもの性器を触るまたはこどもに性器を触らせる性的行為（教唆を含む）。性器を見せる。本人の前でわいせつな言葉を発する、又は会話する。性的な話を強要する（無理やり聞かせる、無理やり話させる）。こどもへの性交、性的暴行、性的行為の強要・教唆を行う。ポルノグラフィーの被写体などを強要する又はポルノグラフィーを見せる　など

ネグレクト

こどもの健康・安全への配慮を怠っているなど。たとえば、体調を崩しているこどもに必要な看護等を行わない、こどもを故意に車の中に放置 するなど。こどもにとって必要な情緒的欲求に応えていない（愛情遮断など）。おむつを替えない、汚れている服を替えないなど長時間ひどく不潔なままにするなど。泣き続けるこどもに長時間関わらず放置する。視線を合わせ、声をかけ、抱き上げるなどのコミュニケーションをとらず保育を行う。適切な食事を与えない。別室などに閉じ込める、部屋の外に締め出す。虐待等を行う他の保育士・保育教諭などの第三者、他のこどもによる 身体的虐待や性的虐待、心理的

虐待を放置する。他の職員等がこどもに対し不適切な指導を行っている状況を放置する。その他職務上の義務を著しく怠ること　など

心理的虐待

ことばや態度による脅かし、脅迫を行うなど。他のこどもとは著しく差別的な扱いをする。こどもを無視したり、拒否的な態度を示したりするなど。こどもの心を傷つけることを繰り返し言うなど（たとえば、日常的にからかう、「バカ」「あほ」など侮蔑的なことを言う、こどもの失敗を執拗に責めるなど）。こどもの自尊心を傷つけるような言動を行うなど（たとえば、食べこぼしなどを嘲笑する、「どうしてこんなことができないの」などと言う、こどもの大切にしているものを乱暴に扱う、壊す、捨てるなど）。他のこどもと接触させないなどの孤立的な扱いを行う。感情のままに、大声で指示したり、叱責したりする　など

　保育を行うなかで、子どもの心や身体が傷ついたり、子どもの育ちを阻むような行為・言葉・かかわりは決して行わないようにと示されています。

　さらに、不適切な保育について、以下のように定義されています。

### 不適切な保育とは、虐待等と疑われる事案

　子どもとかかわるなかで、「このかかわりは虐待につながるかもしれない」と思われる行為・言葉・かかわりは、「不適切な保育」になるということです。

　安心して保育を行うためには、これらの定義を職員皆が知っていることが望ましいでしょう。情報が共有できているとお互いにアドバイスしやすくなります。それが不適切な保育や虐待の未然防止につながります。

**質問に根拠をもって答えられるか**

### ◆ 冬でも半袖を好む子

　私たちの生活には、流れがありストーリーがあります。保育の場においてもそれは変わりません。しかし、ときには保育の一場面だけを見て「これはどうなっているの？」「望ましくないのではないか？」などと尋ねられることもあるでしょう。そのようなとき、あなたならどうしますか。

　たとえば、ある冬の日、園庭で一人の子どもが半袖シャツ姿で遊んでいました。保育者はこの子が「寒いのではないか」「上着を着たほうがよいのではないか」と、常に気にかけているのですが、上着を着てもすぐに脱いで半袖を好むのです。

　たまたま園庭のそばを通りかかってその場面を目撃した方に、「子どもを一人だけ半袖にさせているのは虐待なのでは？」と尋ねられたら、あなたならどう答えますか。

　この事例の場合、保育者は、子どもが寒くないか気にかけ、子どもへの配慮を行っています。また、半袖シャツを選択したのは子ども自身です。保育者は、放任しているわけではありません。子どもを気にかけています。「子どもにとって何が一番よいのか（子どもの最善の利益）」に配慮したかかわりをしているので、事情を説明できれば、質問した方も理解できるでしょう。説明をすることで、関心をもってもらえたり、誤解を解消することにつながるでしょう。

　保育者は、意図をもって子どもにかかわっています。自分の保育について尋ねられた場合、保育について語ることができるように心掛けましょう。

## ② 子どもの行動、どこまで認めていい？
### ～迷ったときに確認しよう～

　保育のなかで子どもの行為に対する判断に迷うことがあります。ここでは、「子どもの最善の利益」を保障する保育に向け、言葉の整理をします。

## 主体性と自主性（子どもはどちらも学んでいる）

　「主体性」も「自主性」も、自分から進んで行うという意味がありますが、「主体性」には、自分の意志に基づいて考え判断し行動するという意味があるでしょう。子どもが自分からおもちゃ棚に向かっていき、おもちゃを選び、おもちゃを手に取って遊び始める姿があります。このような姿は主体的だと考えられるのではないでしょうか？

　自主性は、すべきことが決まっている場合、それらを自分から進んで行った場合に「自主的に行動できたね」と使用することが多いでしょう。たとえば、靴は靴箱にしまってからお部屋に入りましょうという一つの決まりのようなことがあるとします。この

自分で靴を履いています

決まりを保育者から教わった子が、それ以降、お部屋に入る時には保育者に言われなくても自分から靴を靴箱にしまうようになったなら、それは自主的な活動と考えられます。

　乳幼児期の子どもは、主体性と自主性の両方を同時に学んでいます。このような子どもの育ちを保障するためにも、意図的なかかわり・意図的な環境構成が必要です。

## 自由と放任

こちらも判断に迷います。

「自由」とは、あるルールを守ったうえで、一人ひとりの個性が発揮できるよう、「やりたい」を実現していくことです。子どもの生活を考えたとき、危険を伴う行為や人に迷惑をかけるような行為、人を傷つけるような言動等に対して、保育者は何かしらの対応をしているのではないでしょうか。そうしたうえで、こどもの「やりたい」を保障しているのだと思います。

一方、「放任」とは、マナーや秩序、決まりなどがあるのに、それらを守らず、またそれらを伝えることなく、やりたい放題させてしまうことです。

極端な例かもしれませんが、AちゃんがBちゃんを叩いている様子を見て、「Aちゃんは叩きたいのだから仕方ないわよね」という態度は、放任だと考えられるでしょう。

子どもの「やりたい」を保障する際には、「人として生きていくためのルールやマナー」も同時に伝えていくことが大切です。赤信号なのに「あなたが渡りたいなら渡っていいよ」とは言いませんよね。

ほうきの使い方を知ったうえで、興味をもち自由に遊んでいます。

## 見ると見守る

　「見る」と「見守る」もときには誤って解釈しがちです。

　保育のなかで「子どもを見ていてね」と言われる場面があります。そのようなとき、皆さんはどのようにしているでしょうか。「見る」というのは子どもが遊んでいるその姿を何も考えずに見ているだけ、眺めているだけという姿勢と解釈ができるのではないでしょうか。

保育者に見守られながら階段を上ります。

　一方、「見守る」は、子どもが遊んでいるその姿を観察し、次の保育につなげていったり、子どもの姿から危険を予測し、すぐに対応できるよう心掛けている姿勢のことです。

　「Cちゃんはこうやって遊ぶんだな。それならこの板を持っていったら遊びが発展するかもしれない」「DちゃんとEちゃんがあそこで遊んでいるけれど、もしかしたら押されて転ぶかもしれないな。ちょっと意識をして見ていこう」などのように、子どもの姿を観察し、それを今後の保育や環境構成、危機管理に活かそうと考えながら保育をしていく。これが「見守る」です。

　「子どもを見ていてね」と言われた場合は、ただ子どもの姿を目で見て眺めているだけではなく、子どもを観察し、子どもにとってよりよい環境構成やかかわり方、人間関係、保育者の介入の有無、危機管理等を考えながら子どもの姿を見守ることが望ましいでしょう。

無意識に行っていませんか？
～よりよい保育にブレーキをかける言い訳～

よりよい保育を心掛けようとしているあなたの意識に、ブレーキをかけてしまう言葉や考え方があります。自分一人では気づきにくいので、ぜひ、職員同士で確認し合い、気づき合い、伝え合い、保育の質を向上する意識を育みましょう。

## ブレーキ1 「昔は」「今までは」「前は（もっとやりやすかったのに）」

保育の経験を積んでいくと、どうしても過去と現在を比較しがちです。建設的な意味での比較はよいのかもしれませんが、もし、それが「昔はよかったのに」「今まではこうしてきてよかったのに」「前はこうやってよかったのに」などと、現在と過去の悪い意味での比較の場合は、現在の保育を否定的に考えるものです。いま目の前にある状況に対して可能性を見出さないと、子どもにとってよりよい保育にはつながりません。

保育者にとっては過去の話や昔のよい経験があるのかもしれませんが、子どもたちは、今、この瞬間を生きています。ぜひ、今を生きている子どもたちにとって、少しでもよりよい経験ができるような考え方をしたいものです。「今の時代はこれはできない」ということがあったときは、「今は、○○ができる」と、発想を変えていきませんか。

## ブレーキ2 「なんとなく……」「前からやっているから」「いつもそうだから」

私たち大人が「なんとなく」「前からやっているから」「いつもそうだから」と考えるとき、ほとんどの場合、現在を見ておらず、過去の実績・経験で判断していることが多いと思

います。保育のなかでも同じようなことが起こっているのではないでしょうか。

　たとえば、毎年行われている行事や環境の構成などについて、今までの経験を参考にしていくことがあります。そのようなときは、「今、ここにいる」子どもたちを忘れずに、目の前にいる子どもたちの姿や育ちにふさわしい内容にしていきましょう。同じ行事でも、子どもたちの現状に応じて少しずつ変えていくことは、子どもたちがよりよく育っていくためのかかわりの一つです。それは、子どもの最善の利益の保障や発達の保障にもつながります。

保育者にとって都合がよいので、「なんとなく」子どもを待たせています。

　何よりも「なんとなく」「前からやってるから」「いつもそうだったから」という考えで行っているとき、大人は無意識に行動しがちです。このようなときに子どもが不利益を被っている可能性もあるのではないでしょうか。それは、不適切な保育を招きやすいです。ぜひ、職員の皆さんで確認し、お互いにアドバイスをしていきましょう。

## ブレーキ3　「本当はしたいけれど……」「忙しくて……」

　保育をしていると「忙しい」と感じると思います。子どもたちに対して、「こんな保育がしたい」「こんな経験ができるといいな」と考えていても、なかなかできないこともあります。ひょっとして、「本当はしたいけれど忙しくてできない」「忙しいから何もしてあげられない」と、「忙しい」を理由に、何もしない・やろうとしないという気持ちになっていないでしょうか。

　子どもたちに「こんな経験をしてもらいたい」と心から願うならば、どんなに忙しくても、全部はできなくても、わずかだけでも経験できるような配慮やかかわり、保育ができるのではないでしょうか。

忙しいことを理由に何もしないのか、それとも"忙しいけれどこれだったらできるかもしれない"と考えるのかで、子どもの姿は異なってきます。

保育者の考え方、物事のとらえ方次第で、子どもたちの経験の幅は広がります。

## ブレーキ4 「人手が足りなくて……」「わかっているけど、人手が足りなくてうちでは無理」

「人手が足りない」も保育現場でよく聞かれる言葉です。確かに人手不足は現在、深刻な課題の一つだと思います。

しかし、実際の保育を見てみると、人手が十分足りているのになぜか保育が回らない、人手が十分足りているのになぜか大きな事故や怪我が絶えない、という園もあります。また、人手がギリギリであっても、子どもがのびのびしている、子ども主体の保育を実践している、保育者がゆとりをもって保育を行えているという園もあります。

課題には、すぐに解決できる事柄と解決までに時間がかかる事柄があります。保育全体を考えるとき、あるいは「なんだか大変だな」「慌しいな」と感じたとき、子どもの様子が落ち着かないと悩んだときは、人手が足りないことだけではなく、保育者間の連携や子どもへのかかわり方、環境の構成など、視野を広くもち、課題に対してさまざまな視点から確認すると、解決の糸口が見つかるかもしれません。

できないことに不満を抱き、悩んでいるよりも、少しでもできることから始めたほうが簡単かもしれません。子どもは今日もここにいるのですから。

保育のなかには、「無意識に」「なんとなく」行動してしまうことが多いのかもしれません。ですから、日ごろ無意識に行っている部分にこそ意識を向けてみましょう。そのような心掛けを繰り返していると、今日とは違った保育が見えてくるはずです。

次章から、保育を確認し、見直していきましょう。

# 具体的場面で
# チェックしよう！

# これってどうなの？と、悩んだら……

子どもへのかかわりのなかで、「これってどうなのかな？」と悩むことがあります。なぜ、悩むのでしょうか。おそらく、「よくないかもしれない」と感じているからではありませんか。そうであるならば、その言動は控えましょう。そして、ほかの職員や保育者に相談してみましょう。あなたのその疑問は、ほかの保育者も感じていたことかもしれません。皆で考え、共通認識の機会にできるとよいですね。

## 自分がどうしたいかを明確にする

保育という仕事をしていくなかで、悩んだり困ったりすることがあります。そのようなとき、あなた自身がどうしたいのか、あなたの意思がありますか。悩みすぎてさらに不安を増幅させていませんか。

悩むことは悪いことではありません。考え方を少し変えるだけで、悩みを解決に導くことができるかもしれません。「どうしよう」と悩んだら、どうしたいのかを明確にしましょう。困ったときは、何に困っているのかを明確にし、困らないために何をしたらよいのかを考えましょう。「わからない」と思ったら、わからない内容をはっきりさせましょう。そして、わかるためにすべきことを明確にしていきましょう。「不安」だと感じたら、何が不安なのかを明確にしましょう。そして、不安を払拭するために何をしていくことが必要かを探しましょう。自分自身がどうしたいのかを明確にするだけで、すべきことが見えてきます。

悩むということは、あなたが保育・子どもに対して向き合っていることを意味しています。

## 「私」という環境

保育は、人と人とがかかわり、人を育む仕事です。少なからず自分の人間性が子どもや職場の人に影響しているのではないでしょうか。可能であるならば、よいところが影響してほ

しいものです。そのために、改めて、「私」という環境を見つめ直しませんか。たとえば、醸し出す雰囲気、表情、仕草、言葉遣い、振る舞い、視線、ものの考え方など、「私」という人間がいるだけで、子どもや周囲によくも悪くも影響があることを意識していきたいものです。これは、完璧な人間にならなくてはいけないということではありません。「自分」という人間を理解していると自分を客観視できるので、子どもとかかわるときに感情的にかかわることがなくなるということです。

　たとえば、気の短い人が自分でそれを理解していれば、保育中にイライラしても、感情的に子どもに当たる前にほかの保育者に助けを求めることができます。それは子どもの人権を保障することになります。

## 「よいところ探し」が得意になろう

　あなたは自分のよいところをいくつ探せますか。反対に、自分の嫌なところはいくつ考えられますか。保育は、一人ひとりの子どもの個性を最大限に活かし、子どもの育ちを育んでいく仕事です。子どものよい部分を見つけ、伸ばしていくためには、物事を肯定的に見る習慣をつけるとよいでしょう。同じ物事を見るとき、欠点ばかり探すよりも、よい点を探してそこを伸ばすことを考えていくほうが前向きな気持になります。自分の、子どもの、職場の仲間のよいところ探しがぜひ得意になってください。

## 自分が言われたり、されて不快に感じることは控える

　保育のなかで、「つい、子どもに言ってしまう」「自分はしていないのに子どもにだけ求めてしまう」「自分のことは棚に上げて、相手が不快と思う振る舞いをしてしまう」ようなことはないでしょうか。

　保育に限ったことではないのかもしれませんが、自分が言われたり、されて不快に感じることやうれしくないことは、子どもにも、ほかの大人にも行ってはいけません。これは、人としての基本的なマナーですよね。

# その言葉、きれいに響きますか？

砂がほしいという意味で差し出した子どもの手に「お砂をどうぞ」と言葉を添えています。

## ☐ 丁寧な言葉を心掛けていますか？

　子どもはあなたの言葉を聞いて真似をし、自分の言葉として使い始めます。学ぶことは真似ることから始まります。

　保育者が丁寧な言葉を使用していると、子どもも自然と丁寧な言葉で話します。さらに、丁寧な言葉は静かで落ち着いているため、落ち着いた環境をつくり出します。反対に、荒々しい言葉は行動や雰囲気も荒々しくさせます。子どもに落ち着いて集中して物事に取り組んでほしいと願うなら、保育者の言葉遣いから意識しましょう。

　「早く靴履いて！」「靴！」と強い口調でぶっきらぼうに伝えるのと、落ち着いて「靴を履きましょう」と伝えるのとでは、子どもへの響き方が異なります。

## ☐ 呼び捨てにしていませんか？

　日々ともに生活し、成長の様子を身近に感じると、つい親しみを込めて名前を呼び捨てで呼んでしまうことがあるかもしれません。かわいいからこその呼び方かもしれませんが、子どもは保護者からお預かりしている大切な存在です。○○ちゃん、○○くん、○○さんなど、子どもを人として尊重した呼び方を心掛けたいものです。

　呼び捨てをすると、そのあとに続く言葉もやや乱暴に、声も無意味に大きくなりがちです。

## ☐ 伝えた「つもり」になっていませんか？

　「つもり」は、大人から子どもへの一方通行です。子どもに伝えたい内容が伝わっているでしょうか。大切な内容は、子どもが理解できる言葉を選び、シンプルに短く話し、子どもが聞いていることを確認しましょう。「つもり」は、あなたの自己満足かもしれません。

## 誰に対しても丁寧な言葉で伝える

　下の写真のホワイトボードには、園庭遊びをしている子どもの顔つきマグネットが示されています。Aくんの身長ではホワイトボードに届きません。Aくんは、離れた場所にいた保育者を泣いて呼びました。状況を理解した保育者は、「マグネットで遊びたいのよね。でも、これで遊んでしまうと、みんながどこにいるのかわからなくなってしまうのよ。残念だけれどこれでは遊べないのよ」と伝えました。Aくんは、じっと保育者の言葉に耳を傾け、まもなく保育者の手を取り、別の場所に移動しました。

　もし保育者が「触っちゃダメ！」と、きつい言い方をしていたら、彼は納得できず、泣き続けていたかもしれません。

　触ってほしくないからといって、頭ごなしに「ダメ」と言うのは保育者の都合です。子どもには子どもなりの理由があります。たとえ、相手が低年齢児であっても、「ダメ」の理由を伝える必要があるでしょう。それが、「一人の人としてかかわる」「子どもの人権を保障する」ということにつながります。

マグネットで遊びたい0歳児に遊べない理由を伝えています。

# できないことを指摘するのではなく、できるコツを伝える

　給食のトレイが傾き、食べ物がこぼれそうになったとき、「危ない！」と言うのではなく、それに気づいたら「○○くん、私がお手伝いしてもいいですか？」と聞きましょう。（子どもが「うん」と返事をしたり、黙ってうなずいたら）「手の位置を変えましょう」と言いながら、子どもの手の位置を少しだけずらし、「これでしっかり持つと、こぼれないわね」と伝えます。

　できないことを指摘し、子どものやろうとする気持ちをつぶすのではなく、こぼさずに持つコツを伝え、さりげなく自立へと導く素敵なかかわりです。

　子どもができないから「やってあげる」ことや、失敗しそうだから「それじゃあダメでしょ！」と否定するのは、保育者の一方的な都合によるものです。「ダメ」と言われても、子どもは、具体的に何をしたらよいのかがわからず困ってしまいます。

　できないことを指摘するかわりに、できるようになるコツを子どもに伝えることは、子どもの主体性・自主性を育むことにもつながります。

こぼさずに持つ工夫を伝えています。

## 「ダメダメ言葉」に縛られていませんか？

日当たりのよい場所で子どもが寝転んでいます。

## 確認しよう！

### □ 思わず「○○してはダメよ」と言いたくなりますか？

　子どもが望ましくないことをしている場面に出会うと、つい、「○○しちゃダメよ」と言いたくなりませんか。それは誰にとって「ダメ」なのでしょうか。

　保育の環境を今一度見直してみると、「ダメ」と言わなければならない環境を、保育者自身がつくっていることに気づくかもしれません。子どもの姿や遊びを観察し、育ちや興味・関心に応じた生活や遊びの環境を提案していきたいですね。自然と「ダメ」と言う必要がなくなるでしょう。

### □ 子どもがわかる言葉で伝えていますか？

　「ダメ」は、大人にとっては便利な言葉です。しかし、子どもにとってはわかりにくい言葉なのです。「ダメ」と言っている大人の表情や声のトーンが怖いので望ましくない行動を一瞬やめますが、なぜダメなのか、何をしたらよいのかがわからないと、子どもは同じことを繰り返します。そうすると、大人はより厳しい口調で「ダメでしょ！　何回言ったらわかるの！」と怒ることになります。これでは、負の連鎖を招いてしまいます。

### □ 「どうしてほしいか」を伝えていますか？

　「ダメ」と禁止をすることは、望ましい行動をしてほしいからだと思います。「ダメ」という代わりに、してほしいことを具体的に伝えてはいかがでしょうか。たとえば、「走っちゃダメよ」と言う代わりに、「歩きましょう」と伝えるのです。すべきことが明確ですから、子どもは行動しやすいです。

## 具体的に伝える

　子どもたちが給食の準備をしているときは、保育者が「いすを運ぶときは手で持って運びます」と伝えます。

　保育者のちょっとした配慮で、「ダメ」と言わない保育が実践できます。

子どもがいすを手に持って運んでいます。

## 何が起こっているかを尋ねる

　納得いかないことがあったとき、子どもは「ヤダ！」「ダメ！」と言って不機嫌になることが多くあります。それに気づいた保育者は、「何が起こっているの？」と、子どもに尋ね、それぞれの言い分に耳を傾けましょう。

　保育者は「喧嘩はダメでしょ」「叩いちゃダメでしょ」と簡単に済ませず、また、いざこざの現象ではなく、内容にかかわります。いざこざ場面での保育者のこのようなかかわりから、子どもは感情をコントロールする術も学びます。

保育者はそれぞれに言い分を尋ねます。

# 興味をもったときに遊べる環境をつくる

　以前、ある園では子どもがおもちゃを持ちながら移動していたときに、偶然ポンっと手からおもちゃが離れて飛んで行ってしまうことがありました。その度に保育者は「危ないからダメ！」と、おもちゃを持って歩くことを禁止していました。すると、次第に子どもは本当は好きで遊びたいのに、そのおもちゃで遊ばなくなるという悪循環が起こりました。

　そこで、楽しく遊んでもらうために、子どもがつかまって立ちながら遊べる高さにおもちゃを固定してみました。すると、子どもが再び興味をもって遊び始めたのです。遊びの環境を工夫しただけで、保育者の「ダメ」がなくなり、子どもも興味があるときに集中して遊ぶことができるようになりました。

おもちゃを台の上に固定して、保育者が
「ダメ」という機会をゼロに。

子どもを怒鳴ったり脅したり
していませんか？

萎縮するような場所には、子どもは近づきません。

## ☐ 怒鳴る必要はありますか？

　怒鳴るという行為は、気持ちの赴くままに感情を表現することです。保育者としての言動には、一つひとつ意図がなくてはなりませんから、通常の保育で怒鳴ることは必要のない行為です。

　では、誰のために怒鳴るのでしょうか。それは、子どもへのかかわり方の術がなく、子どもを威嚇して従わせたい保育者自身のためではないでしょうか。

　それでは子どもは萎縮し、心身に害が及ぶだけです。虐待となります。怒鳴る前に、ほかの保育者の助けを借りてはいかがでしょうか。保育はチームで行うものです。

## ☐ 子どもを脅迫して従わせようとしていませんか？

　「片づけないなら給食食べちゃダメ」「給食全部食べないならお昼寝できないよ」「お昼寝しないとおやつあげないよ」などと、子どもを脅迫して従わせようとしていませんか。脅迫から子どもが学ぶことは恐怖だけでしょう。

　大人の都合だけで子どもを動かすことは、脅迫になりかねません。子ども一人ひとりに意思があることを心に留め、「片づけましょう」「食べましょう」「お昼寝しましょうね」などと、「してほしい行為」を具体的に伝えていきましょう。脅迫は虐待にあたります。

# そっと語りかけて寄り添う

　友達と遊んでいる最中、自分の思い通りにいかないことに気分を損ね、床に寝転んでしまった子ども（Aちゃん）がいました。Aちゃんの気持ちを立て直そうと、周囲の子どもが「〇〇して遊ぼうよ」「〇〇があるよ」などと言って遊びに誘いますが、Aちゃんはなかなか気持ちを切り替えることができません。Aちゃん自身も、自分でどうしたらよいのかわからない様子です。

　様子を見ていた保育者は「Aちゃん、どうした？　思い通りにいかなかった？」と、語りかけながら、静かにAちゃんのそばに座りました。しばらくすると、Aちゃんは自ら起き上がり、保育者の膝に座り、徐々に気持ちを立て直し、やがて遊びに戻っていきました。

　もし、保育者がAちゃんの気持ちを理解せずに「いい加減にしなさい」と怒鳴ったり、「そんなことをしていたらお友達がいなくなるよ」などと脅迫するようなことを言っていたら、Aちゃんは自分から気持ちを立て直す機会を失っていたでしょう。Aちゃんを遊びに誘おうとしていた子どもたちも、保育者がAちゃんを怒鳴ったり脅迫していたら、恐怖を感じて萎縮し、それ以上何もできなかったかもしれません。保育者が落ち着いてAちゃんの姿や気持ちに付き合うことで、Aちゃんは自分で自分の気持ちを立て直す大切な経験ができました。

保育者は気分を損ねた子どもにそっと寄り添います。

# その子なりのタイミングがあることを理解してかかわる

　午睡の時間、保育者はまだ眠くないBちゃんと目が合いました。そして、Bちゃんへ優しいほほ笑みを返しました。Bちゃんはしばらく目を開けていましたが、時間とともに眠りにつきました。

　当たり前ですが、子どもも大人と同じ一人の人間であり、一人ひとりのペースは当然異なります。だからこそ、子どもにも意思があり、その子なりのタイミングがあることを理解していれば、脅すことも怒鳴ることもしません。子どものタイミングを理解してかかわることがその子への最善のかかわりになるのです。

　「早く寝なさい」「今はお昼寝の時間でしょ！」「お昼寝しないとおやつあげないよ」などと怒鳴ったり脅迫するのは保育者の都合であり、それらはかえって子どもの行動や気持ちを乱し、子どもの育ちを阻んでしまいます。

保育者は子どもと目が合ったときは静かにほほ笑みます。

## ちょこっとアドバイス

怒鳴る、脅迫するという行為は、相手を威嚇するしか手段をもたない人の行為です。
もし、必死に保育をしているなかで気持ちに余裕がなくなり、怒鳴ったり、脅迫しそうになったら、ほかの保育者の協力を得ましょう。保育者同士が支えあって保育を行いましょう。

## 子どもの前で、保護者のうわさ話や悪口を言っていませんか？

乳児クラスでは複数の保育者が一緒に保育をしています。

## ☐ 保護者のうわさ話や悪口を子どもが聞いていませんか？

「○○ちゃんのお母さん、いつも忘れ物するんだよね」「○○ちゃんの家は、いつも時間が過ぎてからお迎えに来るのよね。もっと早く来てくれないと困るのに」などと、子どもの前で保護者のうわさ話や悪口を言っていませんか。

たとえ乳児であっても、保育者がよからぬ話をしていることは理解しています。誰でもうわさ話や悪口を聞くことはうれしくありません。子どもの前で保護者のうわさ話や悪口を言うのは避けましょう。

## ☐ 子どもを気まずい気持ちにさせていませんか？

乳児も大人の話に耳を傾けています。保育者が自分の親のうわさ話をしたり悪口を言っていれば、それらを感じているでしょう。園で生活をする間、子どもは気まずい気持ちで過ごすことになります。それは、保育者が子どもに気を遣わせていることになります。ストレスが蓄積し、保育者を信頼できず、我慢しながら生活するのでは、子どもにとって安心・安全な生活が保障されません。

## ☐ 保育に集中していますか？

うわさ話や悪口は、人のマイナス部分を引き出してしまいます。保育で大切なことは、子どものよいところを発見し、育むことです。

他人のうわさ話をしたり悪口を言っている時間を子どもへのかかわり（保育）の時間にしましょう。子どもは保育者の姿から人としての生き方を学んでいます。

# このような 工夫 をしました

## 人のいない場所を選ぶ

　子どもや保護者にかかわることを話し合う場合、子どもや保護者のプライバシーに配慮し、職員室や事務所など、なるべくドアの閉まる、第三者がいない場所を選びます。場所によっては、声の大きさにも配慮します。

　保育士には守秘義務がありますし、うわさ話や悪口は、保育に活かせる建設的な話につながりません。保育者は、保育に必要な情報を共有することが大切です。

人のいない場所を選び相談をしています。

### ちょこっとアドバイス

物事を肯定的にとらえたり、肯定的な言葉を選ぶと、うわさ話や悪口、批判になりにくいです。

(例)

「うるさい」→「元気がある」　　「乱暴」→「エネルギーが余っている」

「お友達を叩く」→「お友達を叩くことがあります。叩くことはよい行為とはいえないことを伝えながら、その状況や理由を見極めていきたいと思います」

「保育室から飛び出してしまい、言うことを聞かない」→「保育室から飛び出してしまいます。○○ちゃんなりの理由があると思うので、なぜ飛び出すのかを考えます」

「お昼寝の時間にいつも起きている」→「本人が眠くないのか、私たちのかかわりがよくないのか、まだ見極められていません」「自分のタイミングがあるようで、お昼寝の時間は私たちも様子を見守っている状況です。アドバイスがあったら教えてください」

# 保護者をサポートする視点で話し合う

　子どもや家庭について職員間で話をする場合、内容に配慮することが必要です。

　たとえば、常にお迎えが遅い家庭について、つい、「○○ちゃんの家は、いつもお迎えが遅いから迷惑よね」という会話の内容になってしまいがちです。これは単なる愚痴です。愚痴を言っても解決にはなりません。

　「時間通りにお迎えに来てほしい」ことが本来の願いならば、「○○ちゃんの家は、お迎えがお母さんだと15分くらい遅れる傾向にあるようです。今度お迎えでお母さんに会ったときに、事情を伺ってみましょうか。何か事情があるのかもしれないですよね」というように、保護者をサポートするという視点から話し合いをしていくほうが建設的であり、問題解決にもつながります。状況に応じて、主任や園長とも情報を共有し、皆で保育を行う体制づくりを心掛けます。

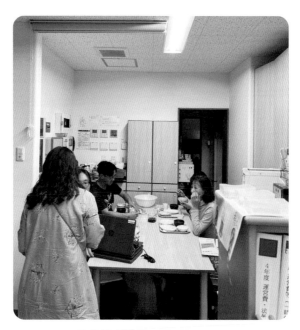

園長、フリー保育者、担任等で保護者への対応の方向性を相談しています。

## その言葉、子どもが理解していますか？

子どもが保育者とともに片づけをしています。

## ☐ 子どもがわかりにくい言葉で済ませていませんか？

「なぜ」「どうして」「どのように」「いつ」「どこで」などは、子どもがまだ理解できない時期があります。年齢にもよりますが、理解していないと感じたら、具体的な言葉、あるいはYES／NOで返事ができる言葉で尋ねることも、一つの工夫です。たとえば、「どこで遊びたい？」は、「外で遊ぶ？」「滑り台で遊ぶ？」のように言い換えます。そうすると、子どもは「うん／ううん」「滑り台は嫌。お砂場に行くの」などと、返事がしやすくなります。経験を積むことで、5W1H式の質問も理解できるようになります。

## ☐ 見通しをもった伝え方を心掛けていますか？

たとえば、〇時になってから突然、「はい、〇時です。お片づけをしましょう」と、子どもに伝えていませんか。それでは、すぐに片づけられない子どももいるでしょう。自分で納得をして片づけることで、自ら次の活動へと移ることができるのではないでしょうか。せっかく遊んでいるのに、大人の都合で突然、「片づけ」と言われても、子どもにも大人と同様に「都合」があります。

もし、〇時に片づけを始めてほしいと考えているなら、子どもが見通しをもてる伝え方をしてはいかがでしょうか。子どもが遊び始める前に、「今日は、□□があります。そのために、〇時に片づけをします」と、あらかじめ伝えるのです。さらに、状況に応じて片づけの時間の〇時よりも少し前（10分〜15分前）に「〇時に近くなりました。お片づけの時間が近くなりました」と、子どもが見通しをもてるように伝える工夫も、子どもが生活しやすい安心できる環境を整えることにつながります。

# 保育者も一緒に片づけて、言葉の意味を行動で伝える

　32ページの写真は、ほかの子は順番に給食を食べ始めていますが、彼は遊ぶことを選択した場面です。そろそろ給食の時間というタイミングに保育者が「○○くん、そろそろごはんの時間よ」と伝えました。彼はランチルームを見ましたが、遊ぶことを選びました。ほかの子どもが給食を食べていることを知っていますが、彼はまだ遊んでいました。

　遊びがひと段落しそうな頃を見極め、再び保育者が「○○くんのごはんも準備できてるみたいよ。お片づけをしたらごはんを食べましょう」と言い、「これはどこかな？」と、彼とともに片づけを始めます。彼は、遊びにやや満足しているようで、保育者とともに片づけをしていきます。

　子どもの立場に立ち、保育者も一緒に片づけることが、子どもの気持ちを満たし、次の行動に自分から取り組みやすくする一つの術になります。

# 次の行動を目で見て理解できるようにする

　言葉だけではなく、写真を活用し、生活の流れを伝えると、見て理解できるので、行動しやすい子どももいます。

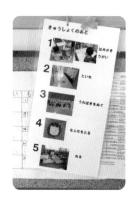

何をするかを写真と言葉で示す
シートやカード。

# 子どもが「待てる」環境をつくる

　給食が始まるのを待とうと思っていても、待つ場所がないと、子どもは何をして過ごしたらよいのかがわからず、目的なく動いてしまいます。そこで、ある園ではレストランや病院などからヒントを得て、ランチルームの入り口に「待合席」を設けました。待っている間に遊べる環境（絵本やパズルなど）も整えています。

　待つ環境を整えたこと、ときには保育者も子どもと同じように待つことなどによって、子どもたちは「待つ」や「順番」がどのようなことなのかを学ぶことができました。また、保育者が「〇〇ちゃん、ちゃんとして」「〇〇ちゃん、順番を考えて」「〇〇ちゃん、まだでしょ！　ダメよ！」と、子どもが理解しにくい言葉で指示したり、禁止するような発言をすることもなくなりました。落ち着いて待つことも、子どもにとっては一つの学びになります。

ランチルームの入り口に子どもの「待合席」を設けました。

# 見通しがもてるように活動ボードを設置する

　子どもが見通しをもって食事の時間を過ごせるように、「ごはんたべにきましたボード」を設置しました（下写真）。

　このボードには、ランチルームを使用する職員と子どもの顔のマグネットを貼るスペースがあります。ボードの一番上には、その日の欠席者「おやすみ」の欄があります。その下は、太い枠で「5歳児」「4歳児」「3歳児」の3段に、さらに真ん中から左右に「まだです」「たべました」の枠に分けられています。合計6つの大きな太い枠があります。それぞれの枠の中には、碁盤の目のように小さな写真が貼れるような枠があります。

　給食の時間の前、マグネットは「まだです」の枠にあります。食事を終えると、各自が「たべました」にマグネットを移動させます。このボードを活用し始めるとき、保育者は子どもたちと話し合い、ボードの使い方を伝え、一緒に利用し、使用方法を行動で示していきました。

　ボードを活用することで、保育者の「ごはん食べて！」「準備して！」「早く行って！」といった言葉かけや子どもを焦らせるようなマイナスの言葉が減り、静かな環境が整いました。また、子ども同士で「○○くん、ごはんだよ。行こうよ」「待ってるね」「マグネット忘れてるよ」など、助け合う、教え合う、協力し合う姿が生まれました。

食べ終えたら顔写真のマグネットを「たべました」へ移動させます。

# 子どもが理解できる言葉を選んで具体的に伝える

「あっちに行って」「こっちに来て」「お片づけして」「準備して」「ダメ」など、保育者が使用している言葉のなかには、子どもが理解しづらい言葉があります。

たとえば、テラスに移動してほしいとき、「あっちに行きましょうね」と子どもに言っても、「あっち」が理解できない子どもは、どこに行けばよいのかわからず戸惑ってしまいます。「あっち」ではなく、「テラスに行きましょうね」のように、場所を具体的に伝えると、子どもは自分が何をしたらよいのか理解することができます。

同様に、「お片づけ」も「片づける」とはどのような行為を指すのかを理解していないと、片づけることができません。保育者が子どもと一緒に遊んだものを元に戻しながら「お片づけできたね」と言葉を添えること（行動に言葉を添えるかかわり）で、「お片づけ」の意味を理解します。子どもが理解できる言葉を選び、言葉の世界を広げていきたいですね。

## ちょこっとアドバイス

35、36ページでは、待てる環境や見通しをもてる環境づくりを紹介しましたが、ときには待てずに「今すぐ食べたい」という子どももいます。そんなときは、待たずに食べるためにはどうしたらよいのかを子どもと保育者が相談しながら考えます。
すると、「早めに並ぶ」「待っている人がいないときに食べる」など、子どもからアイデアが出てきます。子どもからのアイデアも活用しましょう。

## 先回りして言っていませんか？

どのようにしたらこの車を下ろせるか試行錯誤中です。思わずひと声かけそうになります。

# 確認しよう！

## ☐ 子どもの発言・行動を待てますか？

　日々、子どもと生活をともにしていると、子どもが次に何をしようとしているのか、何を言いたいのかが自然とわかるようになります。そうすると、子どもからの発言・行動を待たずに「○○がしたいのよね」などと保育者が先回りをして言ったり、やったりしてしまうことがありませんか。

　それは、子どもの「話したい」「伝えたい」気持ち、「自分でやろう」とする気持ちを奪うことにつながってしまいます。子どもが何をしたいのか、どうしたいのかを見守り、慌てずに「待つ」ことが、子どもの主体性・自主性を育みます。

## ☐ 子どもが話しかけてきたときに「今忙しいから」と言っていませんか？

　「せんせい、あのね、あのね……」と、子どもが話しかけてきたとき、その言葉に耳を傾けていますか。それとも、「忙しいから」を理由に、聞き流していますか。

　一瞬でも構いません。立ち止まり、子どもの「あのね」に耳を傾けてほしいです。立ち止まり、話そうとしている相手に耳を傾けるという保育者の姿勢から、子どもは話を聴く姿勢を学びます。

## ☐ 子どもに尋ねていますか？

　たとえば、子どもが自分で靴を履こうとしたり、洋服を着ようとして試行錯誤しているとき、子どもに聞く前に「靴を履くのね。先生がやってあげる」「○○ちゃん、洋服着せてあげるね」と言いながら、やってあげていませんか。

　もしあなたが子どもの手伝いをしたいなら、「○○してもよいですか？」と尋ねて子どもに許可を得ましょう。たとえ乳児であっても、してほしいのか、そうでないのか、意思を伝えてくれます。

## 子どもが自分でできる環境を整える

　たとえば、鼻水が出ている子どもを見かけたとき、「鼻水が出ているよ。鼻をかみましょう。あそこにティッシュがあるわよ」と言って世話をするのは、丁寧なかかわりのように見えます。しかし、よく考えてみると、鼻水が出たら鼻をかむという行動は、乳児期から大人がお世話の一つとして行っていたことなので、子どもは毎回言われなくても学んで知っています。保育者は次の段階として、子どもの自立をサポートする目的で、子どもが自分で鼻をかめる環境を整えることを考えましょう。

　下の写真は2歳児クラスの様子です。保育室内の子どもの手が届く高さにティッシュ、鏡、ゴミ箱を整えました。鼻水が出たかなと思った子どもが、鏡を見て鼻水が出ていることを確認し、ティシュで鼻をかんでいます。

　保育者が先回りしてあれこれ言わずとも、環境が整っていると、子どもは自分で自分のことができるようになります。大人からすると何気ないことなのかもしれませんが、子どもにとっては「自分でできた」が経験できる機会です。自己肯定感も育めます。

　このように、子どもが自分でやろうとしている姿を見逃さず、自分でできる環境を整えることで、保育者の一方的なかかわりを控えることができます。

子どもの手に届くところに鏡、ティシュ、ごみ箱を設置しています。

# 「せんせい、あのね」に耳を傾ける

　保育中、思いのほか忙しいと感じることがあります。すべきことが多く、時間に追われ、子どもが「せんせい、あのね」と話しかけてきても、「忙しいからあとでね」「忙しいからごめんね」と、子どもの「あのね」を拒否してしまうこともあります。しかも、「あとで」と言ったことを大人は忘れがちです。それでは子どもとの約束が守られないことになります。

　保育は1:1で行うものではないため、一人ひとりの子どもに完璧に対応することは困難です。しかし、子どもの気持ちを受けとめることは可能だと思います。

　下の写真のような保育者と子どもたちが一緒に作業をする場面や、保育者が移動している場面で、子どもたちはそれぞれ「せんせい〜」「せんせい〜」と保育者を呼ぶでしょう。複数の子どもたちに一度に話しかけられると、保育者は誰の話から聞いてよいのか迷ってしまいます。そのようなとき、一瞬でもその子のほうを向き、「○○ちゃん、お話がしたいのよね。□□が終わったらお話聞けると思うよ」などと、その子の言葉に耳を傾け、その子の"今、話したい"気持ちを受けとめます。わずかな時間のかかわりですが、子どもは、話を聞いてもらえた、気持ちをわかってもらえたという経験によって自分を認めてもらえたという気持ちが培われ、話したい気持ちが満たされ、自分が話をすることに自信をもつことができるでしょう。また、話を聞こうとする保育者の姿から、人の話を聞く姿を学んでいるのです。

同じテーブルで作業をする
保育者と子どもたち。

## 保育者の声はちょうどよい大きさですか？

遊びに集中している子どもに保育者が何かを伝えようとしています。

## □ 状況・場面に応じた声の大きさを心掛けていますか？

　子どもを言葉でコントロールしようとすると、つい大きな声になりがちです。また、保育は大きな声を出すものという思い込んでいる保育者もいます。

　子どもは落ち着いて遊びたい・生活したいと思っているのに、保育者の声が常に大きいと、その声が「騒音」になり、子どもが落ち着いて遊び、生活をする環境を妨げ、子どもの集中力を奪いかねません。

　伝えたいことがあるときは、遠くから大声を出すのではなく、そばに行き、その子にだけ伝わる声の大きさを心掛けましょう。保育者の大声で、ほかの子どもの遊びを邪魔する必要はありません。

## □ あなたの言葉は子どもに届いていますか？

　あなたが子どもに向けて伝えている内容は、子どもに届いているでしょうか。子どもが聞いているのか、理解しているのかを確認せずに、「言ったつもり」「伝えたつもり」になっていませんか。

　「言ったつもり」「伝えたつもり」は、大人の一方的な考えです。子どもが聞いているのか、子どもが理解しているのかを子どもに確認することが必要です。

　また、常に声を出し続けていることを「私は子どもに伝えている」「私は子どもに言っている」と勘違いしている保育者もいます。子どもが聞いているのか、理解しているのかを確認せずに、保育者がずっと話し続けていても意味がありません。子どもは、終わりのない話から大切なことを聞き取ることができなくなりますし、話を聞こうとする気持ちをもなくなってしまいます。あなたの言葉は、子どもにとって単なるBGMになってしまうでしょう。

　子どもに伝えたいことは、子どもが理解できる言葉で、言葉の長さや声の大きさなどを考えて話しましょう。

## 用事のある子どものそばで伝える

　42ページの写真は、保育室で遊んでいる5歳児の様子です。保育者は保育室の入り口に立ったまま、遊びに集中している子どもを呼ぼうとしています。

　しかし、保育者は夢中で遊んでいる子どもをあえて遠くから呼ぶ必要はないことに気づき、子どものそばに行き、遊びの状況を見守りました。そして、遊びをなるべく中断しないタイミングを見計らい、用件を伝えました。その場面が下の写真です。

　保育者の都合で遠くから大声で子どもを呼ぶのは、子どもの遊びを妨げることになります。集中力や考える力、友だちとのかかわりを邪魔することにもなりますし、子どもの育ちや最善の利益を保障することができません。さらに、保育者の大きな声によって、関係ない周囲の子どもの遊びも中断させてしまいます。声の大きさは、子どもの育ちに影響するのです。

保育者は遊びを妨げないように様子を見ながら声をかけています。

# 子どもに気持ちを向けて伝える

　下の写真には、3人の子どもと保育者が写っています。3人の子どもの年齢は異なりますが、みな低年齢児です。

　この園では、保育の一環として保育者と子どもたちが近所のお店に野菜を買いに行きます。そして、買ってきた野菜を洗い、野菜の葉を一枚ずつはがし、ボールに入れ終わったところがこの写真です。

保育者：お買い物できたね。

子ども：うん。できた。

保育者：保育園までみんなで運べたね。

子ども：うん。こうやって（両手で野菜を抱える真似）落ちないように持ってきたの。

保育者：葉っぱ、上手にむけたね。

子ども：はーい。

子どもと保育者の気持ちの通い合い。聞くことも話すことも楽しい。

　子どもたちは、自分たちでここまでできたことがうれしかったのか、手を上げながら「はーい」と言って、笑顔になりました。このように、保育者が子どもの話に耳を傾けながら子どもとやりとりをすると、子どもは自分の言葉に耳を傾けてくれたことに喜びを感じます。子どもが話したくなる環境と子どもの話を聴こうとする環境が整うことで笑顔が生まれます。

## ちょこっとアドバイス

子どもに何かを伝えるとき、保育者が一方的に伝えて「伝えたつもり」「話したつもり」になっていることがあります。

保育者が子どもに伝えたいと思うことは、「ながら」「つもり」で伝えるのではなく、子どもに気持ちを向けて、子どもが理解できるように伝えましょう。「先生のお話、わかった？」と子どもに尋ねて、子どもから教わることも、確認方法の一つです。保育者の一方的な思い込みによる「話したつもり」は避けましょう。

## 泣くことを悪いことだと思っていませんか？

せっかく作っていたものが壊れてしまいました。驚いて、悔しくて、残念で、泣かずにはいられません。

### □ 泣きたい気持ちを受け入れていますか？

　子どもが泣いていると、なぜか自分が泣かせたような気持ちになることがあります。そして、保育者は「泣き止ませなくては」と焦りを感じてしまいます。

　しかし、泣くという行為は、子どもが自ら選択をした表現方法だと思いませんか。つまり、子どもの主体的な行為であり、感情表現の一つと考えられます。

　泣き止ませたいと思っているのは誰なのでしょうか。

### □ 安心して泣ける環境ですか？

　「泣かないよ！」「いつまで泣いているの？」「また泣く」「お口で言わないとダメでしょ！」「泣く子は赤ちゃん」などといった言葉を発していませんか。

　これらの言葉は、誰の都合による言葉でしょうか。保育者の都合で無理に泣き止ませることよりも、子どもが安心して泣ける環境を保障しましょう。

　子どもは、安心して泣ける大人の前でしか泣きません。

### □ 子どもの「泣き」を無視していませんか？

　いつも泣いているから、泣かせておくとそのうち泣き止むから、泣いている子にかかわるのが面倒だからといった理由で、子どもが泣いて何かを知らせているのを、保育者の都合で無視していないでしょうか。子どもの要求に応じず、放置、放任していませんか。

　子どもが発信しているサインを大人が無視し続けると、子どもはサインを出すことをあきらめてしまいます。やがて人を信頼しようとすることもあきらめてしまうでしょう。

# 泣くことを意見・表現の一つとして受け止める

　下の写真の男の子は、園庭で（泥を触って楽しむ）一人遊びに夢中でした。しかし、ふと気がつくと、さっきまで隣にいた保育者が見当たらず、不安になり泣き出しました。実は保育者は、彼が一人遊びに夢中になっている様子を見届け、彼の少し後ろに移動してほかの子どもとかかわっていたのです。

　保育者は彼が泣いて保育者を探していることに気づき、「○○くん、先生ここにいるよ」と、彼の顔を覗き込みながら伝えました。彼の視線が保育者に向き、保育者を確認すると安心したのでしょうか。泣き止み、落ち着きを取り戻し、再び一人で遊び始めました。

　保育者は、「彼が泣くこと」を「先生どこにいるの？　と伝えたい」だと理解できたので、「先生ここにいるよ」という言葉を伝えたのでしょう。

　これは、泣くという行為を言葉に代わる表現の一つととらえたかかわりです。

　もし、子どもの気持ちを理解できなかったら、「近くにいるんだから泣かないの！」などと、保育者の都合で言っていたかもしれません。

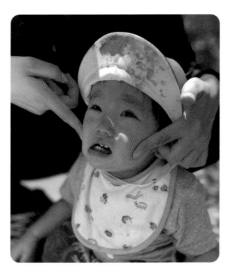

後ろで見守っていた保育者が
「ここにいますよ」と合図を
送っています。

# 落ち着いて泣ける環境を保障する

　保育者がよかれと思って、泣いている子どもの機嫌をとろうとかかわり続けると、かえって子どもに嫌がられることがあります。子どもも一人の人間ですから、大人と同じように、ときには一人の時間も必要なのではないでしょうか。

　一人の時間に自分の気持ちを切り替えることや気持ちの整理をすることで、自分自身を振り返ることができます。ですから、子どもが求めていないのに、保育者の都合だけで無理にかかわり続けることを控え、少し距離をおいて見守ることも必要かもしれません。子どもが落ち着いて泣ける環境を保障することが大切です。

　しばらくして気持ちが落ち着くと、子どもから保育者のそばに近寄って来たり、保育者の膝に乗ったりするかもしれません。それは、子どもが自分で気持ちを切り替えられた証であり、自分で気持ちを切り替えるという、人として大切な経験です。

　人は、やりたいことを禁止されると、余計にやりたくなるものです。今しておかなければ、という強い欲にかられます。反対に、いつしてもよいと言われると、特に今する必要がなくなり、何となく落ち着きます。

　「泣く」ことも同じだと思います。泣きたいのに「泣くな」と禁止されると、よりいっそう泣きたくなってしまうのではないでしょうか。それならば、安心して泣ける環境・かかわりを提供し、子どもが「いつ泣いてもいいのだ」という気持ちを感じられたほうが、子どもも落ち着くでしょう。

今はちょっと一人になりたい
不機嫌な時間。遠くで保育者
が見守っています。

## 手をつなぐとき、腕を引っ張っていませんか？

「竹を渡りたいから、先生ちょっと来て」と子どもが保育者の手を必要としています。

**□ どんな気持ちで手をつなぎますか？**

子どもと手をつないでいるときのあなたの気持ちはどのようなものでしょうか？落ち着き、ゆったりとしているのではないでしょうか。そして、手をつなぐことによって子どもの気持ちと保育者の気持ち、子どもの歩調と保育者の歩調がそろっているのではないでしょうか。

手をつないでいるときは、お互いの気持ちがつながっているときです。

**□ どんなことを考えていますか？**

保育者が「○○させたいから」「○○されると迷惑だから」と、保育者の都合、保育者のタイミングに従わせたいという意識がはたらくと、無意識のうちに保育者の手が伸び、子どもの腕を引っ張っていることがあります。子どもにも気持ち・意思があることを忘れないでください。腕を無理に引っ張ることは、けがにもつながりかねません。

**□ 子どもに尋ねていますか？**

室内に入るときやトイレに行くとき、着替えに行くとき、食事に行くときなどの移動時に、無意識に子どもの手を掴み、子どもを連れて行っていないでしょうか。

あなたのその手を子どもは必要としていますか。無意識に伸ばしている保育者のその手によって、子どもの「自分で」行こうとする意欲を奪ってしまうと、主体性・自主性が育みにくいです。

子どもの手を取る前に、「先生と手をつなぎますか？」「先生と手をつないでもいいですか？」など、相手（子ども）に尋ねることは、人としてのマナーでもあります。

## 子どもに尋ねてから手をつなぐ

　1歳児のAちゃんは、給食を食べ終え、自分で席を立ちました。そこで、保育者は「お昼寝の前にお手洗いに行きましょう」とAちゃんに伝えました。

　もし、保育者がトイレに"行かせる"ことだけを考えていたら、おそらくAちゃんに尋ねることなくAちゃんの腕を引っ張り、トイレに連れて行ったでしょう。まるで連行しているようです。保育者の思い込みが強いと、子どもの腕を引っ張りがちです。大人が子どもの腕を引っ張って歩くとき、子どもは大人の歩調に追いつこうと小走りになります。これは大人主体ですね。子どもに尋ね、気持ちを確認することは、子どもの意思を尊重することにつながります。そうすると、子どもと大人の歩調がそろい、お互いの腕に負担なく歩けます。

　保育者が「手をつないでもいいですか？」「手をつなぎましょうか？」と尋ねることで、保育者の都合で腕を引っ張ることは改善できます。

保育者と手をつなぎたい気持ちを汲み取る。

# 子どもが手を差し出すのを待つ

　Bちゃん（下の写真のオレンジ色の帽子をかぶっている子）は、別の場所での遊びが自分の思うとおりにいかず、もどかしく、泣いていました。保育者はそれに気づき、「○○ちゃん、あのボードが使えなくて残念だったね」と、Bちゃんの気持ちを代弁し、隣に座りました。

　Bちゃんはしばらく泣いた後、保育者の手をとり、写真の場所に移動しました。保育者はBちゃんの導きに合わせて移動しました。

　嫌なことがあったとき、抱っこをしなくても手をつないでいるだけで子どもが安心することがあります。手をつなぐことで保育者から安心を受け取っているのでしょう。言葉はなくても、手をつなぐことで子どもと保育者のコミュニケーションが成立しています。

　子どもが差し出す手を待つこと、そして子どもの導きに従うことで、子どもにとって望ましいかかわりをすることができます。

手をつないだ子どもに保育者が導かれています。

## 子どもが自分でやろうとしている行為を大切にしていますか？

時間はかかりますが、自分でズボンを履くことができます。

## ☐ 「見守る」ことをしていますか？

　子どもの「したい」という気持ちは、主体性を育むためにとても大切です。ところが大人は、子どもが「自分でやろう」とする前に、よかれと思って先回りをしがちです。子どもの主体性を育むためには、子どもの「自分でしたい」「自分でやろう」という気持ちや行為を大切にしていきましょう。心の中で応援しながら見守ることも、ときには必要です。

## ☐ 「してあげる」「やってあげる」ことに満足していませんか？

　子どもが靴を自分で履こうとしているのに、思わず手を出して履かせてあげたり、いすに座ろうとしているのに、座らせてあげたりすることは、大人にとっては親切や援助のつもりでも、子どもにとっては迷惑に感じることかもしれません。

　もし手を貸そうと思うならば、「お手伝いをしましょうか？」と、子どもに尋ねてからにしましょう。「してあげる」「やってあげる」は、大人の自己満足になりかねません。

## ☐ 「待つ」ことをしていますか？

　支度をする、洋服を着る、移動をするなどの子どもの動きは、大人から見ると要領が悪く、無駄に時間を費やしているように感じることがあります。

　そのようなときは、少し待って子どもの様子を見ると、その子なりに考えて「やろう」としていることに気づきます。子どもにとってはそれらの一つひとつが人として生きていくうえでの大切な経験です。子どもの主体性を育むには、「待つ」ことも必要です。

## 子どもの挑戦を見守る

　子どもは、園生活のさまざまな場面でさまざまなことに「自分でやろう」と挑戦し始めます。そこで保育者が時間や次の活動にとらわれすぎていると、子どもがタオルを出す、洋服を着る・脱ぐ、帽子をかぶる・脱ぐ、手を拭く、靴を履く、靴を脱ぐなどを「自分でやろう」としている姿に気づくことができず、子どもがしようとしている行為を奪ってしまいます。

　子どもが何をしようとしているかを保育者が理解しているのは悪いことではありませんが、子どもの主体性・自主性を育むためには、慌てずに見守ることが必要です。

　保育者にとっては「してあげる」ほうが効率がよいかもしれませんが、たとえ時間がかかっても子どもにとっては「自分でできた！」という達成感を得られ、自信につながりますし、挑戦することで集中力も養われます。また、「どうすればできるか」を試行錯誤することによって、考える力も育まれます。まずは、子どもの「やろう」とする姿を見守りましょう。

　もし、保育者が「やってあげたい」場合は、「お手伝いしましょうか？」と子どもに尋ねてから、が原則です。

自分で靴を脱ごうとしています。マジックテープを外そうとしています。

靴を靴入れにしまいます。自分の靴入れを探しています。

# 「自分でできる」環境をつくる

　子どもの年齢が低いと、つい保育者は「してあげる」「やってあげる」という意識が強くなりがちですが、子どもをよく観察すると、低年齢児でも「自分でやろう」とする姿があります。ですから、子どもの育ちに合わせて、「自分でできる」環境を整えれば、子どもは「自分でできる」ようになります。

　下の写真は、1歳児のAちゃんが自分の棚からエプロンを取り出し、いすに座り、エプロンを付けようとしている場面です。子どもが自分でエプロンを取るために、子どもの手が届く高さにエプロンとタオルが入ったかごが準備されています。かごには、Aちゃんのマーク（この園では顔写真）が貼ってあります。

　エプロンを手に取ってAちゃんはテーブルまで移動しますが、保育者は、その様子を見守るだけです。

　子どもが「自分でできる」ようになるためには、環境を整えることに加えて、してほしいことは保育者が一緒に行い、モデルを見せていくことも必要です。子どもは保育者の姿を真似て、徐々に自分で行うようになるでしょう。初めはできなくても仕方ありません。できたときに認めていきましょう。

食事だとわかると、自分でエプロンを取りに行きます。

自分で見つけることができました。これでエプロンを付けることができます。

## 大勢の前で子どもを叱っていませんか？

さまざまな年齢の子どもが園庭で遊んでいます。

## □ 「叱る」の意味を理解していますか？

　保育を行うなかで、「怒る」ことはしていないはずです。なぜなら「怒る」とは、不満や不快なことがあり、腹を立て、感情に任せて怒鳴り散らすことだからです。それは保育とはいいません。

　「叱る」には、望ましくない行為について、改善してほしい、正してほしい、望ましい行為をしてほしいと、冷静に言い諭すという意味があります。目的をもち、冷静に伝えていくことが「叱る」です。ただし、「叱る」だけの保育にならないように心がけましょう。

## □ ほかの子どもの気持ちを考えていますか？

　大勢の子の前で子どもを叱ると、周囲の子どもは叱られている子の姿を見て、「あの子はいつも叱られる子」と感じてしまうかもしれません。保育者の無意識の行動が子どもに悪影響を及ぼしてしまいます。

　子どもは保育者の行動を観察し、学んでいます。保育者の言動が子どもの考え方や行動に影響することを意識していきましょう。

## □ 思わず、大声で注意をしていませんか？

　あなたが大勢の前で、しかも大声で注意をされたら、どのような気持ちになるでしょうか。自分のよからぬことを皆に知られてしまうわけですから、決してうれしい気持ちにはならないでしょう。子どもも同じですね。

　大勢の前で、大声で注意をすることは控え、用件のある子どもにだけ伝えるようにしましょう。伝える場所や声の大きさに配慮することは、子どものプライバシーを保護することにもつながります。

# 子どもに近づいて伝える

　58ページの写真は、子どもと保育者が園庭で過ごしている場面の一部です。広い場所で子どもが遊んでいるときに、一人の子ども（Aちゃん）に対して注意をしたい場合、遠くから大声で注意をしてしまうことがあります。すると、周りの子どもも保育者の大声に驚き、集中していた遊びが中断してしまいます。さらに、Aちゃん以外の子どもに対して必要のない情報を漏らすことにもなります。

　遠くにいる子どもに用事があるときは、保育者がその子のそばへ行き、その子にだけ伝えれば十分です。

　また、子どもたちにふさわしい遊びの環境が整っていれば、叱る必要もなくなります。下の写真は、保育者が低年齢児のBちゃん（写真左から2人目）に、順番で遊具を使うことを説明している場面です。保育者は落ち着いた様子でBちゃんに説明をしています。Bちゃんと保育者がやりとりをしていると、Cちゃん（写真左）とDちゃん（写真右）が近づき、2人の様子を観察しています。

　CちゃんとDちゃんは、Bちゃんと保育者のやりとりから、用事のある人に近づいて落ち着いて説明し、相手に理解を求める・交渉するという手段があることを学ぶでしょう。

保育者が子どものそばで「順番」を説明しています。

# 不機嫌に付き合う

　人はさまざまな感情をもつので、ときには不機嫌なこともあります。それは子どもも同じです。自分で不機嫌な理由がわかっていることもありますが、何となく機嫌がよくないということもあるでしょう。

　子どもが不機嫌な様子だと、保育者は理由を探ろうと次から次へと質問をしたり、機嫌を直そうと無理矢理遊びに誘ったりしてしまうことがあります。そして、それでも子どもが不機嫌だと、つい「いい加減にしなさい！」「いつまで怒っているの！」と、大声で叱ってしまいます。そうすると、子どもはますます不機嫌になってしまいます。負の連鎖です。

　保育者が子どもを叱っている姿は、ほかの子どもも見ています。泣いている子にとってもほかの子にとっても、よい影響はありません。

　保育者は、子どもが不機嫌になっていることを「子どもの表現」だととらえ、「何かあったのよね」と、その不機嫌さに付き合ってみてはいかがでしょうか。そばにいる大人が落ち着いていると、しばらくして機嫌が直ることもあります。叱って脅すよりも、気持ちに寄り添う配慮をしましょう。

不機嫌を「子どもの表現」ととらえて寄り添う。

## 子どもを常に集団で動かそうとしていませんか？

毎日繰り返している午睡前のお話タイム。子どもたちもお話タイムが始まることを知っています。

## ☐ 子どもは集団で動かすものだと思っていませんか？

　園では複数の子どもが生活しているので、保育者はどうしても子どもを集団で動かしたくなります。しかし、子どもは大人と同じ、意思ある一人の人間です。大人の思うとおりに子どもが集団で動いてくれるとは限りません。

　子どもが集団で同時に動けば、保育者は楽ですが、子どもはどんな気持ちでしょうか。「集団で動かさねばならない」という保育者の思い込みが強いと、目の前にいる子どもの実際の姿を見失いかねません。

## ☐ 子どもを待たせていませんか？

　子どもにも、一人ひとりのペースがあります。保育者の都合だけで子ども全員を一斉に動かそうとすると、どうしても子どもの活動のペースに差が生じます。

　結果として、早く動いた子は待つ時間が長くなります。子ども全員を一斉に動かそうとすることは、子どもに無理をさせ、子どもの活動を妨げることにつながります。子どもを待たせるときは、「待っている間の工夫」が必要です。

## ☐ 指示を出しすぎていませんか？

　子どもを常に集団で動かそうとすると、どうしても子どもへの指示が多くなります。指示を出しすぎていると、やがて子どもは大人の指示がないと動けなくなってしまうかもしれません。

　指示を出さなくても、子どもが行動しやすい環境を整えたり、「先生は、みんなに〇〇してほしいと思っているけれど、みんなはどう思う？」などと、子どもの意見を聞いてみることも、必要なかかわりの一つです。

**2**

行動

# 子ども自身が判断して参加できるようにする

　下の写真は、3〜5歳児クラスの午睡前の時間に、絵本の読み聞かせに参加したい子どもが集まっている場面です。この時間は、給食を終えてお腹が満たされているゆったりとした時間です。子どもたちの楽しみの一つが絵本の読み聞かせです。この園では、午睡前の読み聞かせの参加の有無は、本人の意思に任せています。

　一人ひとり、午睡までの準備やくつろぎ方は異なります。読み聞かせを楽しみにしている子、一人で絵本を読みたい子、友達とおしゃべりをしながら布団の準備をしている子、すでに布団に入って寝ようとしている子など、さまざまな姿が見られます。皆、午睡に向かう活動をしているのです。

　子どもたちは、園生活の流れを理解しています。保育者が「絵本を読むから早く準備して」と子どもに指示を出さなくても、「そろそろお話を始めます」と伝えると、自分たちで準備ができます。午睡までのわずかな時間にも、主体的・自主的な活動が展開できます。

読み聞かせに参加するかは、子どもが選びます。

# 見通しがもてるような環境づくりをする

　調理室から給食が届くと、給食担当の保育者が給食の準備を進めます。その様子に気づいた0・1歳児クラスの子どもが一人、また一人と、次々に食事のテーブルに来ます（下写真）。

　食事をしたいと思った子どもから順番に配膳をすると、子どもを待たせることがありません。子どももいすやエプロンを自分で準備し、コップや器なども自分で運ぼうとします。ときには、友達のいすやエプロンを用意するなど、協力し合う姿もみられます。

　保育者は「おなかすいてきたかな？」「自分で座れたのね」「給食の準備をしましょうね」などと子どもに語りかけ、コミュニケーションを図りながら給食の準備を進めます。子どもが自分でしようとしていることは見守り、自分でしたいかどうかを尋ね、可能な限り、子どもの自分でやりたい気持ちを大切にします。

　「給食の時間です。お片づけをしましょう」「はい。遊ぶのはもう終わり！」などと、一斉に子どもを動かすような伝え方は控え、職員間で連携し、子どもが見通しをもって生活できるような配慮をしたうえで、子どものペースで遊びから食事に移行できるように環境を整えます。

0・1歳児クラスでも、食べたい子から順番に対応をしていると、やがて全員が一緒になって食卓を囲んでいます。

## 子どもが集中しているときに、じゃまをしていませんか？

園庭から保育室に戻る途中、階段下の点字ブロックに気づき、なでてさわって確かめています。

## ☐ 保育者の言葉で遊びを妨げていませんか？

一人遊びをしているときや子ども同士が集中して遊んでいるときに、遊んでいる姿が微笑ましいから、楽しそうだからなどの理由で、「○○ちゃん、□□しているのね」「わー！　楽しそう！」などと、大人の都合だけで子どもに話しかけていませんか。

その言葉によって、子どもは集中していた遊びを中断されることになります。子どもに集中して遊んでほしい、集中する力を養ってほしいと願うなら、保育者の言葉を控えましょう。

## ☐ 見守っていますか？

保育者と子どもの信頼関係が確立していれば、困ったときや用事があるときは、子どもから保育者を求めてくるでしょう。子どもが集中して遊んでいるとき、保育者を必要としていないときは、遊びや活動をじゃませずに、そっと見守ることもかかわり方の一つです。

じっくりと物事に取り組むことが保障されると、集中力や考える力、試行錯誤する力、子ども同士でコミュニケーションを図る力、人とかかわる力などが育まれます。見守ることを通して、子どもの育ちを保障していきましょう。

## ☐ 視線を有効活用していますか？

言葉だけがコミュニケーション手段ではありません。身振りや表情、視線などでもコミュニケーションを図ることができます。

遊んでいるときに、子どもが保育者の存在を確認したり、保育者に認めてほしくて、保育者のほうを見たりしたときは、微笑んだり、頷いたり、アイコンタクトをするだけで十分なこともあります。身振りや表情、視線を使えば、周りにいるほかの子どもの遊びをじゃますることなく、必要な子どもとコミュニケーションを図ることができます。

## 子どもが集中しているときは静かに見守る

　子どもが何かに集中しているときは、子どもなりの学びの時間であり、五感を使い、考え、試し、経験を積んでいる時間です。危険がない場合は、可能な限りそれらの学びを保障していきたいものです。

　０歳児クラスのAちゃんは、階段の前に来ると保育者に抱っこを求めていたのですが、この日、初めて一人で階段を上ろうとしました（下写真）。

　保育者は、子どもの初めての姿、少しずつ成長していく姿を見てうれしくて、本当は大声で「わー！　すごーい」と言いたいところですが、Aちゃんが階段を一段一段上ることに集中しているため、声を出さずにその様子をハラハラドキドキしながらじっと見守ります。

　Aちゃんは後ろにいる保育者の存在をときどき確認しつつ、階段表面の凸凹にも興味を示しながら、自分のペースでゆっくり歩みを進め、最後まで一人で上ることができました。

　保育者の近くで子どもが遊びを始めることがあります。保育者がそばにいるから安心して遊べるのでしょう。保育者がそばにいる、見守るだけでも子どもにとっては満足なときがあるのです。

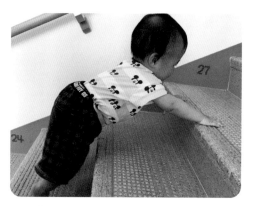

点字ブロックに満足し、今度は階段を触って確かめながら上るのを保育者は見守ります。

# ときには「引き算のかかわり」を試みる

　保育をしていると、子どもに対して「何かをしてあげなくては」「伝えなくては」「常にかかわっていなくては」などと、“大人のかかわり”というカバーを重ねてしまいがちです。子どもと積極的にかかわることは悪いことではありませんが、カバーが重なりすぎると子どもは重さに耐えられず、本来の姿・可能性を発揮しにくくなります。場面に応じてカバーを軽くする、あるいはカバーをかけないという引き算のかかわりも必要かもしれません。

　下の写真はブランコを台にして見立て遊びをしている子どもです。遊びに夢中な様子が写真からも伝わります。さて、この子にとって、次のどちらのかかわりが望ましいでしょうか。一つは、「何をしているの？」「これは電車？」「ブランコは動くから遊びにくいよ。こっちで遊んだら？」など、夢中で遊んでいる子に、大人のかかわりというカバーを重ね続ける。もう一つは、夢中で遊んでいる子どもの様子を見守り、どんな遊びに興味をもっているのか、ほかに必要な遊具や道具はあるか、この遊びを始めたきっかけは何か、この後どのような展開が起こるのかなどを考え観察し、今後の遊びや生活につながるようにしていく。

　子どもが集中しているときは後者の「引き算のかかわり」を心がけるとよいでしょう。夢中で遊んでいるときは、そっと見守ってほしいと思いませんか。写真の子どもは、少し離れたところから保育者に見守られながら、満足するまで遊ぶことができました。

ブランコを台にして、ブラシを何かに見立てて
遊んでいる様子を見守ります。

## 無言で子どもを抱き上げていませんか？

おむつの交換をしようと、保育者が後ろから子どもを抱き上げています。

## □ 子ども（特に低年齢児）を後ろから急に抱き上げていませんか？

　おむつを交換する、着替える、授乳する、食事をとるなど、子どもの移動が必要なときに、子どもを無言で、しかも後ろから急に抱き上げていないでしょうか。

　もし自分が用事をしているときに、突然後ろから抱き抱えられたら、驚き、悲鳴を上げそうになりませんか。子どもも同じように感じるでしょう。

　子どもは遊んでいる最中に、保育者の都合で突然後ろから抱きかかえられ、宙に浮き、移動させられてしまうのです。遊びが中断され、突然身体が宙に浮くので非常に驚くと思いますが、それでも子どもは何も言えず、保育者に従わざるを得ないのです。あなたの腕がクレーンにならないように心掛けましょう。

## □ 子どもに伝えていますか？

　子ども（乳児を含む）も大人と同じ、一人の意思ある人間です。一人の人としてかかわる意識があれば、突然、無言で抱き上げることはしませんよね。

　「○○ちゃん、おむつを替えましょうね。抱っこしますよ」などと、子どもの前から名前を呼び、何をするのか一言伝えたうえで抱くと、子どもも安心するでしょう。もし、子どもが遊びに夢中なら、状況が許せば少し待ち、遊びがひと段落してからだと、子どもも落ち着いてお世話に協力してくれるかもしれません。

　保育者が用件を伝えることで、子どもは、「これがおむつを交換することなのか」「これがごはんを食べることなのか」「これが着替えをすることなのか」と、場面に応じた言葉を学びます。

　子どもに一人の人としてかかわるなら、自分がされて不快なことやうれしくないと感じることは、子どもにも行わないという意識をもちましょう。

# 「抱っこしましょうね」と一言伝えることを心掛ける

　70ページとこのページの写真の保育者は、０歳児クラスを担当している同一人物です。初めは、保育に必死のあまり、自分の都合を優先して子どものお世話をしていました。そのため、つい子どもを後ろから抱き上げることがありました。着替えやおむつの交換、食事の場所などへの移動を、かかわりとしてではなく、「作業」ととらえてしまっていたのです。

　しかし、あるとき、同じ０歳児を担当している別の保育者が子どもを抱く際に「○○ちゃん、おむつが濡れているようですよ。そろそろ交換しませんか？　ちょっと失礼して抱きますね」と伝え、子どもの様子を確認してから抱き上げている姿を見ました。

　そのとき、常に「○○をしなくてはならない」と、自分がすべき作業にばかりに気をとられ、子どものことを考えていなかった自分に気づきました。

　その後は、前から子どもに語りかけ、様子を見ながら抱くことを心掛けました。すると、「○○ちゃん、そろそろ○○しませんか？」と子どもに伝えると、子どもから手を差し出すようになったり、自分が次に行く方向を指さしたりする姿が見られるようになりました。

子どもの目を見て語りかけ、正面から抱き上げます。

# 心のこもった保育者の腕は、子どもの安全基地になる

　０歳児のAちゃんは、給食を終えて座って一人遊びをしてくつろいでいました。写真からは眠そうな様子もうかがえます。そのとき、Aちゃんにとってなじみのない保育者B（この園の職員ですが０歳児の子どもにはなじみがありません）が保育室に入ってきました。

　Aちゃんは、初めは観察をするようにじっと保育者Bを見ていました。BはAちゃんのそばを通るときに、Aちゃんを見ながら笑顔で「Aちゃんこんにちは」と伝えました。

　AちゃんはなじみのないBに声をかけられ、不安を感じたようで、Aちゃんのそばに座っていた担任の保育者を目がけてハイハイし、Bから逃げるように担任の保育者の胸にしがみつきました。Aちゃんの気持ちを理解した保育者は両腕でAちゃんを抱き、「そうよね。Bさんとはあまり会わないから驚くわよね」と伝えながら、Aちゃんの様子をうかがっています。保育者のAちゃんを抱く心のこもった両腕は、Aちゃんにとっての安全基地なのです。

　大人の両腕は、大人の気持ち次第で、心のこもらない作業用のクレーンにも、子どもが必要とする安全基地にもなります。保育であるなら、子どもが安全基地と感じられる腕を差し伸べたいですね。

担任の保育者が０歳児のAちゃんを抱いています。

## 動きすぎていませんか？

保育者（左端）は、じゃまにならない場所を選び、園庭遊びに夢中な子どもたちの様子を座って見守っています。

## □ ときには座ったりしゃがんだりしていますか？

　子どもの育ちを援助するとき、落ち着いて、集中して物事に取り組んでほしいと願うと思います。しかし、保育者が常に動いているような保育環境のなかでは、子どもは落ち着いて生活できません。

　物事を学ぼうとするとき、子どもは真似ることから始めます。落ち着きのない保育者からは、落ち着きのなさを学びます。落ち着いている保育者からは、落ち着くことを学ぶでしょう。

　もし、あなたが落ち着きなく動いているようなら、ときには、座ったりしゃがむことも考えてみてください。あなたが座ると、子どももあなたを真似て座るでしょう。あなた自身から、落ち着いた保育環境を整えていきましょう。

## □ 子どもの視野を意識していますか？

　子どもの視野を考えたことがあるでしょうか。大人の平均的な視野は、左右（水平）150度程度、上下（垂直）120度程度といわれています。幼児の平均的な視野は、左右（水平）90度程度、上下（垂直）70度程度です。チャイルドビジョン（幼児視野体験メガネ）を試すと、幼児の視野を体験することができます。

　そのような子どもの視野のなかで、大人の存在は、非常に大きく感じられるはずです。一人の大人が動いているだけでも、子どもにとっては大きな物体が動いているように感じるかもしれません。複数の保育者が動いている場合は、さらに落ち着かないのではないでしょうか。

　子どもの視野を意識すると、保育者の動きや子どもへの伝え方、かかわり方などを子どもの立場から考えやすくなります。

## 落ち着いて座る

　子どもたちが落ち着かないことや、座ってほしいのに立って歩いてしまうことがあります。そのようなとき、保育者が動きまわっていることが多いです。子どもは保育者の姿を真似しますから、子どもに落ち着いてほしいなら、まず保育者が座ったり、しゃがんだりして落ち着きましょう。子どもも保育者を真似して座り、落ち着いて遊び始めるでしょう。

　下の写真は、１歳児と保育者が円卓を囲んでおままごと遊びをしている場面です。保育者が来るまで立って歩いていた２人は、保育者が円卓に座り、おもちゃで料理をつくり始めると、その様子に興味をもって円卓にやってきました。初めは、円卓に上ろうとしましたが、保育者が「座りましょうね」と伝えると、保育者の真似をして円卓を囲んで座ることができました。保育者が落ち着いた姿、雰囲気でいると、子どもも落ち着いて遊びに取り組めます。

保育者が円卓に座っていると、子どもがやってきました。

# 子どもが遊ぼうとする姿を見守り、待つ

　子どもが遊ぶ姿はかわいらしく、思わず「○○ちゃん、〜して遊んでいるの？」と声をかけたくなります。あるいは子どもの遊ぶ様子を見ずに、「水たまりは汚れるから遊ばないの」「お水をすくいたいんでしょ？　それじゃなくてこれを使ったら？」と言ってしまいたくなることがあります。

　しかし、保育者が先回りして動くことや発言を控え、子どもの遊びをそっと見守り、待つことによって実現する遊びもあります。

　下の写真の子どもは、園庭で水たまりを発見し、水たまりの水をお玉ですくおうと何度もチャレンジしましたが、すくうことができませんでした。そこで、お玉よりも小さいレンゲを持ってきて、レンゲで水をすくい、レンゲからお玉に水を入れることを思いついたのです。彼はしばらくこの遊びに夢中でした。

　保育者が遊ぼうとする姿を見守り、待ったことで、子どもは創意工夫して新しいアイデアを発見する経験をし、楽しく魅力的な遊びを続けることができたのです。

保育者が待ったことで、子どもはレンゲを
使って水をすくうことを発見できました。

> # 子どもの意思を尊重したかかわりを心掛けていますか？

片づけの時間に、ビールケースを押している子どもがいます。

## ☐ 子どもに尋ねていますか？

　保育者は子どものことで、なぜそのような行動をするのか疑問に感じたり、子どもにどのように接すればよいのか悩んだり、保育者同士で相談したりすることがあります。そのようなとき、自分一人で悩んだり、大人だけで相談をしたりしていませんか。子どもに関することは子どもに尋ねてみると、子どもなりの理由がわかるはずです。

　また、子どもに靴を履かせる、洋服を着せるといったお世話をする際、あなたはどのようにしているでしょうか。あなたのタイミングで履かせたり着せたりしていないでしょうか。もしかすると、子どもは自分で履こうとしていたかもしれません。

　子どもにかかわる際は、子どもに尋ね、子どもの意思を尊重しましょう。

## ☐ 子どもに無理強いしていませんか？

　時間ばかりに気をとられ、「○○しなくては」「○○すべき」「○○する時間だから急がなくては」「早く○○させなくては」などと、保育者の都合（業務やスケジュール）で子どもを動かそうとしていないでしょうか。

　確かに保育の場面は、生活の流れがおおよその時間で区切られていますし、保育者がすべき作業も多くあります。それを理由に保育者の都合に合わせて子どもを動かそうとすると、子どもに無理・我慢をさせてしまいます。子どもによっては無理強いされたり自分の意思を無視されたことで、必要以上に泣いたり、納得できずに「イヤ！」と言い張ったり……。急いでいる保育者の願いとは正反対の姿になり、かえって対応に時間がかかることもあるかもしれません。

　子どもに無理強いする前に、子どもの意見を聞く、保育者の気持ちを伝えるという方法もあります。子どもは、「自分の意見を聞いてもらえた」と感じたり、「先生が○○と言っているのがわかった」と保育者の意図がわかると、自分から動くこともあります。

## まず子どもの気持ちや方法を尊重する

　給食の時間が近づき、皆が片づけをし始めたところ、2歳児クラスの子が78ページの写真のようにビールケースにバケツを載せて動かし始めました。その子はこの日初めてビールケースを押して動かせることに気づきました。保育者はその様子を単なる「遊び」ではなく、「まだ遊びたいけど気持ちに区切りをつけて片づけをしている」と理解し、見守りました。

　彼は皆に少し遅れながらも、自ら保育室に入り、給食へと移っていくことができました。子どもの「こうやって片づける」という気持ちや方法を尊重すると、時間がかかったとしても、結果として最後までやり遂げることができます。子どもの意思を尊重してかかわることは、子どもの主体性を育むことにもつながります。

バケツを持ち、保育者のそばに来た
2歳児に、「何をして遊びたいのか」
を尋ねながら一緒に過ごします。

### ちょこっとアドバイス

子どもの気持ちはわかるけれど、今はどうしてもこれをしてほしいというときは、「○○ちゃんが○○したいのは先生もよくわかっているのだけれど、今は○○だからどうしても○○してほしいの。終わったらまた○○できるよ」と、事情を説明してみましょう。
大人も頭ごなしに否定されたり、拒否、指示されると気分を害しますが、相手の事情がわかると納得できます。子どもも同じですよね。

# 「見本」を活用し、自分で食事の量を考えてもらう

　給食を食べる量は、子どもが自ら考えて判断・決定できるようになってほしいと願った保育者が、配膳時に一人ひとりに「どのくらい食べますか？　少し？　ふつう？　たくさん？」と尋ねることにしました。希望の量を言える子もいますが、言葉だけでは量がわからず戸惑う子もいました。そこで保育者は、おかずの配膳台に写真①のような「量の見本」を置きました。すると子どもたちは、見本を見て量を伝えられるようになりました。

　さらにこの保育者は、子どもが「ふつう」がわからず戸惑っていることに気づき、子どもが最初に立ち止まる配膳台に、写真②のような「給食の見本」（その日の基準量）を提示しました。子どもたちは自分の食べる量をさらに決めやすくなりました。子どもたちが量について理解できた頃、①の「量の見本」は必要がなくなり、片づけました。

　育ちを見極め、意思を尊重できるような配慮や環境構成、かかわりは、子どもの意思を尊重した保育につながります。

写真①　「すこし」「ふつう」「たくさん」の概念がまだ明確でない低年齢児には、おおよその分量を写真で紹介します。

写真②　配膳する場所に、今日の給食の基準量を「みほん」として置いています。

## ちょこっとアドバイス

子どもが自分で食べる量を決める場合、メニューによっては「いらない」と言う可能性もあります。ある園では、「いらない」と言った子に対して、「味見だけしてみる？」と提案しているそうです。ほとんどの子が、味見をすると、「少しください」「普通でお願いします」と言って自分からもう少し食べるそうです。

## あなたの所作は美しいですか？

扉を開けずに柵をまたいでいます。

## ☐ 柵をまたいでいませんか？

　特に低年齢児の生活スペースには、柵やパーテーションを設けている場合があります。高さは保育者がまたげる程度でしょうか。柵を開けるのが面倒だからと、無意識にまたいでいないでしょうか。

　「またぐ」とは、足を持ち上げて物の上を通過することです。保育者がこのような身のこなしをしていると、子どもはそれを真似るようになるでしょう。あなたの仕草は、足を上げて物を乗り越えてよいというメッセージを子どもに伝えているのです。あなたがしているのに、子どもに「登っちゃだめよ」とは言えないですよね。

## ☐ 投げるような片づけ方・置き方をしていませんか？

　片づけをするとき、投げるようにしておもちゃをしまっていないでしょうか。タオルを子どものテーブルに置くとき、立った位置から投げるようにして置いていないでしょうか。

　子ども用のテーブルは低いですから、「ポンッ」と投げるように置きたくなる気持ちも理解できます。しかし、子どもは保育者の所作を見ています。子どもは保育者の真似をしますから、子どもも物を投げるようになるでしょう。子どもに指摘する前に、まず保育者の所作を見直しましょう。

## 子どもが真似してもよい所作を心掛ける

　ある園で、０歳児の子どもたちが柵に足をかけようとする仕草が見られました。保育者は子どもたちが保育者の姿を真似ていると確信し、所作を改める必要性を感じました。

　そのため、保育者間で相談し、柵の扉を開けて出入りすることをルールとし、無意識に柵をまたいでいる保育者を見かけたら、お互いに教え合うことに決めました。

　保育者が柵をまたがず、扉を開けて出入りするようになると、子どもたちが柵に足をかけようとする姿はなくなりました。

　保育者が互いにアドバイスし合うことで、何気なく行っていた望ましくない所作が意識化できるようになったのです。

子どもに見られていることを意識し美しい所作を
心掛けます。

# 子どもの姿から保育者の所作を振り返る

　子どもは保育者の所作をよく観察しています。そして、生活や遊びのなかで真似します。

　下の写真の子ども（Aちゃん）は、ウサギのぬいぐるみに「あーんってできるかな？」「もぐもぐしてね」「おいしいね」「口を拭きましょうね」と話しかけながらご飯を食べさせています。

　そばにいた保育者は、Aちゃんがぬいぐるみをお世話する姿が、保育者たちの姿にそっくりだと気づき、保育者たちが日ごろ何気なく行っていることや言っていることを子どもはよく観察していると改めて感じたのです。そして、子どもの姿から改めて自身の言葉や立ち居振る舞いについて意識しようと、ほかの保育者と各自が自分の所作を意識すること、よくない所作に気づいたときは伝え合うこと、皆が子どもが真似してもよい所作を心掛けていくことについて話し合いをしました。

自分が保育者にしてもらっているようにぬいぐるみの世話をするAちゃんの姿。保育者は真似されてもよい所作・言葉遣いをします。

完食神話やがんばる食事に
とらわれていませんか？

満足するまで食べて、自然と「ごちそうさま」をしています。

# 確認しよう！

## ☐ 完食することにとらわれていませんか？

　子どもが完食をしてくれるとうれしいです。しかし、なぜあなたは子どもに完食を求めているのでしょうか。それは強要になっていないでしょうか。

　もし、子どもに完食してほしいと願うなら、「子どもが自分で食べる量を決める」「食べる時間の長さによって時間をずらす」「楽しく食べられる環境を整える」などの工夫をしましょう。子どもも大人と同じように、その日の体調や気分、朝食の内容等によって食欲が異なります。

　保育者が何の工夫もせず、子どもにだけ求めるのでは強要になりかねません。それでは、子どもは食事の時間が苦痛になり、食べることが嫌いになってしまいます。強要する保育者に対して、恐怖を感じるかもしれません。

## ☐ 好き嫌いがあるのはダメなことだと思っていませんか？

　レストランで食事をするとき、注文時に「苦手な食材はありますか？」と尋ねられることがあります。苦手な食材があることは珍しいことではないのでしょう。大人に好き嫌いがあるということは、子どもにも好き嫌いがあります。

　また、好き嫌いは、年齢とともに変化をしていくこともあるでしょう。子どもが苦手としている食材を、保育者の都合で今日克服させようと、「食ーべーて！」と強要して子どもを泣かせるようでは、虐待になりかねません。楽しい雰囲気で食事をとるなかで、自分が苦手な食材をほかの子がおいしそうに食べている姿に刺激を受け、「自分から食べてみよう」となるほうが、子どもにとって真の克服になるでしょう。

　保育者には、子どもがそのような気持ちになるように、慌てず、あきらめず、気長に、配慮や環境づくりをしていくことが求められます。

# 「すこし」「ふつう」「おおもり」を選べるようにする

　下の写真は、子どもが「ごはんのりょう」シートを参考に、自分が食べる量を選び終えた場面です。シートには、「すこし」「ふつう」「おおもり」の3種類の量のご飯とお味噌汁の写真が貼ってあります。子どもたちは今日のメニューを確認し、このシートを参考にして、自分で食事の量を決めていきます。

　いつもは少食の子も、好きなメニューのときは「おおもり」を選ぶこともあります。苦手なものがメニューにあるときには、「とってもすこし」と伝え、勇気を出して少しだけ食べてみることもあるでしょう。子どもが自分で考え、判断し、決定し、実行する経験ができる環境を整えると、子ども自身が主体の活動となるので、保育者が「がんばって」「全部食べて」と子どもに無理強いする必要がなくなります。

食事の量は、自分で考えて
決めます。

## ちょこっとアドバイス

発達によっては、食事という行為を子どもが「がんばっている」時期もあります。
授乳から離乳食に変わると、口を開け（あーん）、咀嚼し（もぐもぐ）、飲み込む（ごっくん）練習の開始です。口の中・舌の動きは、授乳時と全く異なります。下あごを使って口を（閉じる）、重力に逆らう動きです。離乳初期の子どもにとっては、とても大変な作業です。まさに「がんばって食事をしている」時期です。

# 残しても無理なく自分で片づけられるようにする

　食べる量を自分で決められるようにしていても、残してしまうこともあります。そのようなとき、子どもは「残してしまった……」と、困った表情をしています。そのタイミングで保育者が「なんで食べられないの？」「自分で決めた量なんだから全部食べなくちゃ」などと子どもを責めることには意味がありません。子どもが自分の判断ミスを感じているのですから、食器を片づけるコーナーに残してしまった物を片づける場所を準備すればよいのです。そもそも食べる量を自分で決めていますから、大量に残す子はいません。

　下の写真の子どもは、片づけをしながら「ちょっと多すぎちゃった……」と、つぶやいています。次回はもう少し少なめに、自分が食べきれる量を盛りつけられるようになるのではないでしょうか。経験・体験を通しての学びがここにもあります。

片づけるコーナーに残したものを
入れる容器があります。

## ちょこっとアドバイス

子どもが少食で食に興味をもっていないのに、保護者が「好き嫌いさせず、規定量を完食させてほしい」と希望する場合、保育者は両者の気持ちがわかるので、対応に困ります。また、子どもに無理強いをしすぎると虐待を疑われかねません。
そんなとき、保育者は、「子どもを虐待することにつながりかねず、虐待は禁止されていること」「子どもの状況に応じて長い目で見ていねいにかかわりたいこと」などを保護者に説明し、理解を得ることも必要です。
不適切な保育を未然に防止していくためには、保護者の理解があると取り組みやすいでしょう。

## 食事にかかわる時間も学びであることを理解していますか？

給食のためにランチルームを整えています。

## □ 食べている時間だけを「食事の時間」ととらえていませんか？

午前中の活動（遊び）から給食開始までの子どもの様子をイメージしましょう。

給食に向けて、子どもは片づけや手洗い、排泄、着替え、エプロン・タオル・コップ・お箸等の用意、いすの準備などを行います。さらに給食を開始するまでに、順番を待つ、給食を運ぶ、食器等の準備をする、ときには盛り付けをすることもあるでしょう。

食べ終えると、食器を片づける、テーブルを拭く、手を洗う、口をゆすぐ（歯磨き）など、午睡に向けた準備等を行います。

大人は「食べること」だけに意識を向けがちですが、子どもにとっては、給食に向けた活動から午睡に入るまでの一連の活動が「食事の時間」なのかもしれません。そのように考えると、食事の時間も子どもにとっては遊びなどの活動同様、経験や学びの場なのです。

## □ 食事の時間が豊かになるよう心掛けていますか。

授乳から離乳食、幼児食、普通食へと食事の段階が進むのに従い、口を開けることや咀嚼・嚥下、ものを握る、つまむ、食器を支える、スプーンなどの道具を使用することなどを学んでいきます。

また、食べ物を口に運ぶためには、肩や肘、手首、指先を連動させて動かすことも必要です。食材からは、色やにおい、味、食感、舌触りなど、五感を総動員して感覚を学んでいます。

食事の時間を、子どもの学びを考えた豊かな時間にしていきましょう。

3

食事

# 子どもの育ちに応じて食事の準備をしてもらう

　0歳児の子どもでも、「自分でしたい」という気持ちがあります。

　下の写真左は、おやつで使うタオルとエプロンを自分で準備をしようとしている場面です。この園では、自分でできることは自分でできるようにするため、子どもが自分で取れる（届く）棚に各自のケース（タオルとエプロンが入っている）を設置しています。ケースには、自分の場所だとわかるようにマーク（この園では顔写真）をつけます。

　タオルを取り、いすに座り、エプロンも自分でつけます（自分でエプロンをつけられるように首のまわりゴムが入っています）。おやつも「量の見本」の写真を見ながら、子どもが食べる量を自分で判断します。

　食事にかかわるわずかな時間も、環境構成の工夫次第で豊かにすることができます。

棚から自分でエプロンを取り
出します。

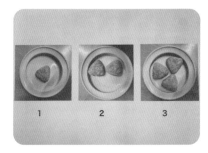

おやつの「量の見本」。

「量の見本」を見て、食べる量
を3個に決めました。

# 子どもたちが自ら掃除に取り組める環境を整える

　ある園で、ランチルームを掃除していた保育者の姿を見た子どもから、「一緒にやりたい！」という声が聞かれました。5歳児クラスでランチルームの掃除について話し合う機会を設けたところ、子どもたちから「きれいな環境でごはんを食べると気持ちいいから、皆でランチルームを掃除しよう」という提案が出ました。そして、皆で相談して、「ほうき」「テーブルといす」「床拭き」の担当に分けた当番表を作成し、子どもたちも掃除をすることになりました。

　初めは保育者と一緒に掃除をしていましたが、次第に自分たちだけで掃除できるようになり、慣れてくると、時間を見ながら子ども同士で誘い合って掃除を始めるようになりました。

　一つひとつ子どもたちと相談し、子どもたちが自分で掃除に取り組める環境を整えたことで、食事の時間も子どもの自主的な活動に結びつけられました。

**3**

食事

当番表を確認する子どもたち。

当番表を確認してランチルームを掃除する子ども。

当番表を確認して、テーブルを協力して運んでいます。

ふきんの用途がわかるイラストを貼って、子どもたちが「自分でできる」環境を整えています。

## 食事の時間も子どもの意思を
## 尊重していますか？

子どもたちがランチルームの準備が整うのを待っています。

## □「全員そろっていただきます」は絶対に必要ですか？

　子ども全員がそろわないと「いただきます」ができないのはなぜでしょうか。目の前に食事があるのに、全員がそろうまで待たせる必要があるのでしょうか。

　その日の朝食の内容や量、登園時間、午前中の活動量、気分や体調、前夜の睡眠時間などは一人ひとり異なりますから、子どもによって昼食を食べたくなる時間が少しずつ異なるのは当然です。

　食事の準備ができた順に個別に「いただきます」と言って食べ始めたり、テーブルごとに「いただきます」をするという方法も検討しましょう。

　もし、判断に迷ったら、子どもに相談して子どもの意見を聞いてみてはいかがでしょうか。園での食事の時間は子どもたちのものです。

## □ 食事の時間に子どもを「お客様」のように扱っていませんか？

　食事の時間に子どもを「お客様」のように扱う場面に出会うことがあります。保育者が慌ただしく動きながら子どもの前に食事を配っている光景です。

　それなのに、子どもは着席し、保育者の許可が出るまで食事に触れることを許されず、じっと座って待たなければいけないという場面です。そして、保育者がすべて「してあげた」うえで、保育者の指示を受けて食事を開始するのです。

　食事の時間も子どもにとっては学びの時間になるように、子どもの主体性・自主性を育む配慮が必要です。自分の意思で食事を準備し、食事し、片づけることができるような、子どもの「できた」を実現できる環境の工夫、かかわり方への配慮をしましょう。

**3**

食事

## このような **工夫** をしました

# 食べる量を自分で決めてもらう

　その日の空腹具合、健康状態、メニューなどによって、食べたい量は少しずつ変化します。

　そこでこの園では、子どもに食事の量を自分の意思で決めて納得して食べてもらうため、下の写真①のようなカードを作成しました。

　写真①には、見本としてそれぞれのお皿におかずが入っていて、「ひとつ」「ふたつ」「みっつ」という言葉と、数字の「1」「2」「3」が書かれています。

　写真②では、保育者が子どもに「○○くんは何個食べる？」と尋ね、子どもが「3個」と答えています。食事の時間も子どもが主人公です。子どもの「自分で決める」を第一に考え、子どもの意思を尊重できる環境を整えましょう。

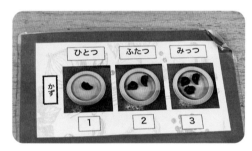

写真①カードの見本を見ながら食べる量を決めてもらいます。

写真②子どもに「何個食べる？」と尋ねます。

# 子どもたちが自分で片づけられる環境を整える

　食事を終えて次の活動に移るためには、その場所を片づける必要があります。そこで、子どもたちそれぞれが食べ終わったタイミングで食器を片づけられるように環境を工夫しました。

　下の写真のかごには、「コップ」「おおきなおさら」「ちいさなおさら」「おちゃわん」「はし」「スプーン」と書かれた写真が貼ってあり、何を片づけるかごなのかがわかるようになっています。子どもたちは、初めは保育者と一緒に確認しながらかごに食器を戻していましたが、やがて写真を見ながら、自分で正しいかごに食器を戻せるようになりました。

　食事の時間も子どもが自ら準備をしたり、片づけをしたりすることで、子どもにとっては人として生きるための学びの時間となっているのです。

食器を片づけるかご

かごの中に食器の写真が貼ってあります。

# 子どものペースに合わせた対応をしていますか？

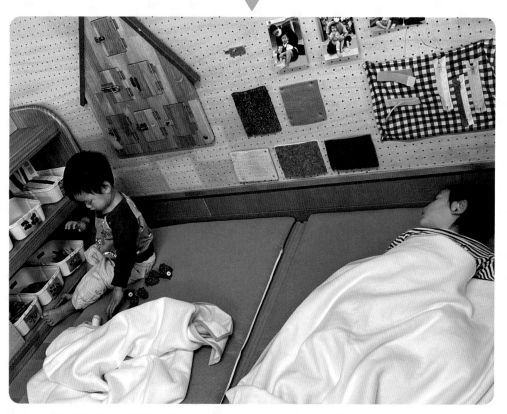

もう少しだけ遊びたい子どもの横には、眠っている子どもがいます。

□ 「寝ない子は悪い子」「早く目覚めるのはダメ」は、誰の都合
　でしょうか？

　「子どもはすぐに寝るもの」「子どもは必ず午睡をするもの」「一度午睡をしたら2時間は寝るもの」「途中で起きることはよくない」……。これらはすべて保育者の「願い」ではないでしょうか。

　確かに、子どもが一斉に午睡をしてくれると、その間に保育者の業務ははかどるかもしれません。だからといって、「寝たくない」と言っている子を「悪い子」扱いしたり、「脅迫」して寝かせる、布団を頭からかぶせてしまうようなことは避けましょう。それらは、子どもにとって望ましいかかわりではありません。

　寝たくない子は布団に横たわって身体を休める、早く目覚めても皆が起きるまでは静かにして過ごすなど、その子に合わせた対応ができるとよいでしょう。


□ 午睡にも個人差があることを理解していますか？

　人にはそれぞれ個人差があります。ですから、子どもの午睡にも個人差があります。

　給食を食べたらすぐに眠くなる、食事後に少し遊んでから入眠する、眠いのになかなか入眠できない、物音に敏感ですぐに目覚めてしまう、睡眠時間が長い・短いなど、睡眠の様子はさまざまです。

　また、一人で寝る、保育者が隣に居るだけで安心して寝る、頭や背中、額などを撫でると寝る、抱っこを好む、壁のそばを好む、人と人との間を好むなど、子どもによっては好みや寝る場所を選ぶこともあります。生活のすべてにおいて個人差があることを理解し、それぞれに応じた対応をしましょう。

**4**

午睡

# その子にふさわしい方法で過ごしてもらう

　保育者は、午睡では皆が一斉に寝なければならないと思い込みがちですが、午睡にも子ども一人ひとりのタイミングがあります。

　ある子は、一人遊びに満足してから午睡をしました。保育者の彼に対する理解と、「○○ちゃんは、ひと遊びしてからお昼寝するのよね」というあたたかな眼差しが、本人も周りの子も安心させます。

　足を触ると安心する子もいます。視線を向け保育者を呼び、保育者の手が彼の足を包むと、安心したように横になりました。保育者が余計な言葉をかけることなく彼の気持ちに寄り添うことで眠りにつくことができたのです。

足を触るなど、その子に応じた安心する方法を探ります。

# 子どもに流れを知ってもらい、自分のペースで動いてもらう

　給食後から午睡にかけての時間帯は、何となく保育者の心にゆとりがなくなり、子どもに対して「早く行動してほしい」「一斉に午睡してほしい」という気持ちをもってしまいそうになります。しかし、子どもは一人ひとり食事を終えるタイミングも午睡に向かうペースも異なります。

　ある園では、給食から午睡までの一連の流れを子ども自身で行動できるように取り組みました。まず保育者は子ども一緒に給食から午睡までの大まかな流れを確認し、次にこの間にそれぞれが行う活動（給食を食べる、片づける、歯を磨く、着替える、排泄を済ます、布団を準備する、午睡をするまたは身体を休める）を確認しました。最後にそれらを行うおおよその時間を確認し、それ以外は子どものペースで行ってよいことも確認しました。

　初めは保育者も子どもと同じ動きをして手本になるように配慮しました。やがて、子どもたち自身で進められるようになりました。

　一見、子どもたちは勝手に行動しているように見えますが、丁寧に観察すると、一人ひとりが、最初に確認した流れに則って動いていることが理解できます。ある時間になると、ほとんどの子どもが布団に入ったり、眠ろうとします。子ども一人ひとりが生活の流れを理解し、保育者が子ども一人ひとりのペースを理解することで、主体的な活動が実現できます。

先に午睡準備をしていた子がほかの子の布団を敷き、「○○ちゃんここにお布団敷いたよ」と伝えています。

> # タイミングを見計らっておむつを交換していますか？

「交換したら続きをして遊ぼうね」と伝えています。

## □ 「意思を尊重すること」と「放置」の違いを理解していますか？

子どもが夢中になって遊んでいるとき、ふと気がつくとおむつが排泄物でいっぱい……。さて、あなたならどうしますか？　そして、あなたが子どもなら、どうしてほしいですか？

まずは汚れたおむつを交換してほしいと思いませんか。おむつが汚れていることに気づいているのにお世話をしてもらえないという状況は、自分のことを気にしてもらえていないようで、残念な気持ちになります。また、排泄の自立が確立するまでは、保育者がタイミングを見計らい、体験を通して「清潔にする」感覚を伝えることも重要です。

子どもがしたいことを無条件にさせて、本来、保育者に求められているかかわりを怠ることは「放置」になりかねません。放置とは、そのままにして放っておくことです。状況が許す限り、子どものやりたい気持ちを認めつつ必要なお世話をすることは、子どもが人として生きていくための援助になるのです。

## □ 子どもにも大人と同様のマナーで接していますか？

洋服を着ることを嫌がっている子どもがいたとします。洋服を着ないで裸のまま過ごしているけれど、子どもが着るのを嫌がっているから「そのままでも仕方ない」と、見て見ぬふりをしていることはありませんか。

裸で人前に出ることは、人として望ましい行為ではありません。子どもが嫌がっていたとしても、まずは「裸は人に見られると恥かしいです。洋服を着ましょうね」と、洋服を着ることはマナーであることを伝えましょう。

行動や言葉によって、人としてのマナーを伝えていくことで、子どもはそれらを学んでいきます。

## 自分のペースで着替えられるスペースをつくる

　下の写真は、０・１歳児のおむつ替え・着替えスペースです。保育室と仕切りを設けてプライバシーに配慮し、子どもが自分で着替える意欲をもてるように、子どもが手に届く位置に着替えを入れる引き出しを設置しています。

　低年齢児は、排泄の感覚を学んでいる時期です。保育者が排泄のタイミングを見計らって繰り返しはたらきかけることにより、排泄は徐々に自立へと向かいます。このような時期から、子どものペースに合わせておむつ交換や着替えができる環境があること、子どもが自分でおむつや着替えを選ぶ経験を重ねていくことが大切です。

子どもが自分でおむつや着替えを出せるスペース

着替えスペースのパーテーションの中からクラスの様子を見ています。

# 子どもの気持ちと保育者の気持ちの着地点を探る

　そろそろおむつを交換したいのに、子どもの遊びの保障と衛生・清潔への配慮で、どちらを優先すべきか悩むことがあります。しかし、おむつが汚れたままだと心地悪く、遊びにも集中できなくなります。

　以下は、ある園での子どもと保育者のやりとりです。

保育者：（その子にだけ聞こえる声で）遊んでいるところ失礼しますね。○○ちゃん、先生、○○ちゃんのおむつを交換したほうがいいと思うのだけれど、○○ちゃんはどう思う？

子ども：（保育者の話を聞いているが、遊び続ける）

保育者：（子どもの遊びを見守り、少し待った後で）

　　　　○○ちゃん、やっぱり交換したほうがいいみたい。これをしたら交換しましょうね。

子ども：（ゆっくりと遊んでいたおもちゃを保育者に手渡し、自分でおむつ交換コーナーに移動する）

　この子は、おむつを交換した後で再び同じ場所に戻り、遊びを再開しました。保育者は子どもの遊びたい気持ちを理解しつつ、おむつが汚れたまま遊び続けることへの子どもへの悪影響を考え、無理強いすることなく、子どもの思いに気持ちを寄せながらかかわりました。

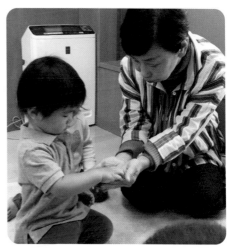

一人の人として気持ちを尊重してかかわります。

パーテーションの内側で人から見られずに落ち着いて着替えをしています。

## ☐ 子どもの裸が人目に触れないようにしていますか？

おむつの交換や着替えの際は、子どもの裸が人目に触れないよう、子どものプライバシーに配慮しましょう。

パーテーションやカーテンなどを活用するのも一つの方法です。スペースの関係でパーテーションなどが設置できない場合は、保育者自身が目隠しとなることも一つの方法です。

何事もアイデア次第です。環境を言い訳にせず、今できることを考えて行い、子どものプライバシーを保障していきましょう。

## ☐ 「一声かけて」行っていますか？

子どもがけがをして痛いところを確認したり、手当てをするとき、また、おむつを交換するとき、黙って服をめくったり、ズボンを下ろしたり、おむつを開けたりしがちです。

急に服をめくられた子どもはどのような気持ちでしょうか。もし、大人が急に服をめくられたら間違いなく驚きます。自分がされて不快に感じることは、子どもにも行いません。

「痛いところを確認したいから、お洋服をちょっとめくってもいいかしら」「おむつを交換しましょうね」などと、ひとこと子どもに断ってから行うのが人としてのマナーです。

5

排泄・着替え

# トイレ、おむつ交換、着替えスペース前に パーテーションを設置する

　トイレやおむつ交換、着替えなど、子どもが裸や裸に近い状態になる場所には、プライバシーを保護するため、パーテーションを設置し、不特定多数の目に触れないようにします。

　下の写真は、０・１歳児のトイレ、おむつ交換、着替えのスペースです。保育室との間にパーテーションを設置し、子どもの排泄やおむつ交換、着替えをする姿が見えないようにしています。パーテーション内も子どもの動線を考え、トイレに行き、着替えをして、手を洗い、手を拭き、再び遊びのスペースへ戻れるようにしています。

子どものプライバシーを保護しながらお世話ができます。

棒のすきまから裸が見えないように柵に布をかけています。

パーテーションを設置し、保育室と排泄、着替えスペースを分けています。

着替えが進まない子どもには、保育者が「お着替え、手伝いましょうか」と尋ねます。大人も子どもをせかすことがなくなり、ゆとりをもってかかわることができるようになりました。

## 安心して着替えられる環境をつくる

　下の写真の子どもは、何でも自分で行いたい年頃です。着替えたいズボンを引き出しから選び、「ここで着替えてもいいんだよね？」という眼差しを保育者に向けました。保育者は「大丈夫よ」という眼差しを返します。

　子どもは人から見られないパーテーションの中に座り、着替え始めました。この場所は、ふだんから保育者と一緒に着替えをしているのと同じところです。

　日頃から保育者がプライバシーに配慮したかかわりを心掛けていると、子どもも保育者を真似て、自然とプライバシーを意識します。

誰も見ていない、安心して着替えられる環境です。

子どもが遊びを選べる環境にしていますか？

マットの上を利用して街づくりが展開中です。

## 確認しよう！

### □ 保育者がおもちゃを出して遊びを決めていませんか？

　保育者が棚からおもちゃを出し、床に「ジャー」っとばらまき、「これで遊んでいいよ」などと言って遊ばせていませんか。

　子どもは、一人ひとり可能性を秘めています。子どもの可能性が伸びる環境を整える必要があります。子どもたちが遊ぶおもちゃや遊びの内容、時間などを保育者の都合だけで限定すると、子どもにがまんや無理をさせていたり、創造性を奪ってしまうことがあります。それでは、子どものよりよい育ちを阻み、主体性・自主性が育ちません。

　子どもの主体性・自主性を育むためには、おもちゃも子どもが選び、手に取れる環境を整えましょう。子どもが自分で出したものは自分で戻せるように、写真やイラストなども活用してわかりやすい環境を整えます。

### □ 子どもの興味や関心、育ちを理解して遊びの環境を整えていますか？

　子どもと過ごしていると、その子が何に興味や関心をもっているのかがわかるようになります。

　たとえば、叩く・触る・聞く・見るなどの五感を使う遊びが好き、人とのやりとりが好き、絵本が好き、握る遊びが好き、つかまって歩くことがうれしい、投げる動きが好き、折る・切る・貼る・描くなどの遊びが好き、積み木やブロック遊びが好き、ルールのある遊びが好き、ごっこ遊びが好きなどです。

　子どもたちが遊んでいる様子を観察し、"こんなおもちゃや道具、遊具、素材、環境にするともっと楽しめそう"と気づいた部分から、遊びの環境を工夫して変えていくと、子どもはより豊かな経験・体験をすることが可能になるでしょう。

6

環境

# 「使いたい」と思ったときに使えるように常時置いておく

　この園では、3・4・5歳児の制作スペース（アトリエ）に色鉛筆やはさみ、のりなどを常時設置しています。そして、「使うときはこのテーブルで使う」「使い終わったら元に戻す」というルールがあります。

　3歳児に進級すると、すぐに"アトリエツアー"を行い、子どもとともに確認しながらアトリエの使い方や道具の使い方を説明します。子どもたちが慣れるまでは、保育者が「こうやってしまうときれいだね」「こうすると使いやすいね」「使ったら戻しましょうね」「こう持つと使いやすいね」などと、必要に応じてアドバイスをします。やがて子どもたちは使い方をマスターし、保育者に言われなくても自分で上手に使うようになります。

　アトリエを開始した当初は、子どもがルールを守れるのかどうか不安もあったようですが、アトリエツアーを行うことで、子どもたちはルールを守れるようになることがわかりました。必要に応じて保育者が使い方のアドバイスもしますが、大事なことを最初に伝え、子どもを信じると、子どもは教わったことを実践できるのです。

テーブルの上に常に色鉛筆やはさみ、のりが置いてあります。

保育者が使い方をアドバイスしています。

# 子どもの興味や関心、育ちに沿った遊びの環境を整える

　子どもは好きな遊びがあると、保育者が遊びを提案しなくても自分から遊び始めます。子どもの興味や関心、育ち、保育者の願いなどに応じて環境を変えていくと、子どもがより遊びに興味をもちます。

　下の写真は０・１歳児の遊びの環境です。以前は、子ども同士の衝突や噛みつき、（遊ぶものがなく）ただ走るといった様子でした。そこで写真のように、いくつかの遊びができる環境に整えたところ、子どもたちがそれぞれ遊び始め、衝突などがなくなりました。

　子どもの興味や関心、育ちを考えながら遊びを見ると、保育者にありがちな「これはこうしなければならない」「ここに置かなければならない」「こう使うべき」という発想が薄らいでいきます。そして、「このおもちゃはここで使うと思っていたけど、ああやって遊ぶのね」「車をこんなふうに押して人形を運べることに気づいたのね。それなら車はあそこにあったほうがいいかな」などと、子どもの姿から子どもが何をしようとしているのか、その遊びから何を経験しているのかに気づくことができます。それは、環境を再構成するヒントにもなります。

０・１歳児一人ひとりが興味のあるもので遊べるようにしています。

# 子どもが考えた遊びを理解して見守る

　子どもは遊びをつくり出すことが上手です。子どもが考えながら行っている遊びに対して、保育者が「何をするのかな？」「あれは何に使うのかしら？」「ちょっと様子を見てみようかな」などと考えながら見守ることで、その子独自の遊びが展開することがあります。子どもたちの遊びたい気持ちや姿を理解して見守ることは、子どもの遊びを保障することにつながるのです。そのためには、遊びたくなる環境を整えることが大切です。

　下の写真は、園庭遊びをしている2歳児の様子です。三輪車や手押し車で遊んでいたのですが、ビールケースを見つけ、ビールケースを並べていくうちに「お家だ！」と言って、家づくりが始まったのです。

　さまざまな遊具や道具を子どもが自分で選んで使えるような環境があると、子どもはそれらを使ってイメージ豊かに遊びを展開するでしょう。ビールケースや木、板、お風呂マットなどは、子どもにとっては遊びが膨らむ道具の一つに変身します。

保育者は子どもが何を考えているかを想像しながら見守ります。

# オリジナルの「折り方ブック」を活用する

　保育室には市販の折り紙の本がありますが、なかにはその本に書かれた説明を難しく感じる子や、特定のものだけを折りたいという子もいます。

　このような子どもに対して、保育者が右の写真にあるような「折り方ブック」を作成しました。子どもが一人で折っていてもわかる言葉と順番に配慮して作成されています。一つのものだけ（写真では手裏剣）を折りたい子や、一人でじっくり取り組みたい子は、「折り方ブック」を活用して遊ぶことができます。

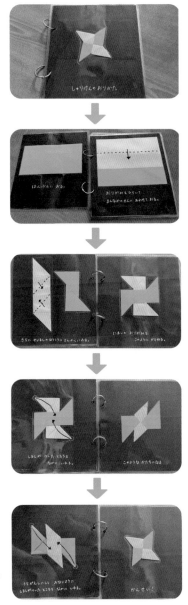

幼児クラスにある手裏剣の
「折り方ブック」。

6

環境

いすやベンチに座ったり、荷物を置いたりして落ち着いて靴を履けます。

## ☐ 何もないことや広いことは絶対安全ですか？

何もない空間のほうが、障害物がないので子どもがけがをする心配がない、または、広ければ走り回れるうえ、子どもが分散するから安全だと考えていませんか。子どもの育ちにふさわしい環境とは、物を何も置かないことではありません。

子どもが保育室を走り回ってしまうのはなぜでしょうか。そこが走り回りたくなる環境、もしくはその子にとって走り回る以外に魅力がない環境なのかもしれません。子どもが廊下を走ったり、階段を飛び降りたりするのも、走りたくなる、飛び降りたくなるような魅力的な環境だからかもしれません。保育者がそのような環境をつくっているにもかかわらず、「危ない」「ダメ」「走らない」「飛ばない」などと、子どもを注意しがちです。

もう一度、子どもの実際の姿を観察し、環境構成を考えてみましょう。まずは、実際に環境を変えて、子どもの様子を観察しましょう。それから、その後どうしたらよいのかを子どもから学び、考えていくことが大切です。

## ☐ 子どもが主体的に活動できる動線ですか？

子どもが過ごしやすい動線を考えていますか。大人にとって都合のよい動線にしていませんか。

子どもの育ちにふさわしい環境設定（子どもが動きやすい動線）をその都度行うと、子どもは大人の指示などがなくても、物事に主体的に取り組めます。生活の自立が行いやすく、遊びにも集中できるでしょう。

**6**

環境

## ぶつからない・走らない動線をつくる

　下の写真は、荷物かけを保育室の入り口に移動し、廊下に対し垂直に設置した場面です。一見、不自然な配置に見えますし、荷物かけをじゃまに感じるかもしれませんが、これは子どもの姿から保育者が試行錯誤の末にひらめいた意図的な環境構成です。

　この環境に変更する前は、①子どもが廊下を走る、②保育室から出る子どもと廊下を走る子どもの衝突事故が発生するという2つの課題がありました。保育者は、危険がないように常に気にかける必要があり、「ダメ」「やめなさい」「走らない」「注意して」などの指示的な言葉が多くなることに悩んでいました。

　そのような状況を改善する手段として、写真のような環境にしてみたのです。荷物かけの配置を変えたことで、廊下を走る子どもが減り、（たとえ走っていたとしても）走る速度が遅くなり、保育室の入り口での出合い頭の衝突がなくなりました。そして、保育者の指示的な言葉やマイナスの発言がなくなりました。

廊下で子どもがぶつからないように荷物かけを設置しました。

廊下にパーテーションと植木鉢を設置して衝突事故を防いでいます。

# 家具を活用してさまざまな用途に使える スペースをつくる

　下の写真は、ある園の玄関フロアの様子です。玄関に続く子どもの生活空間に家具（テーブル、いす、ソファ）を設置しています。家具は子ども用のサイズではなく、あえて大人も使用できるサイズにしました。まるで家庭で過ごしているような感覚になります。子どもたちは、給食を待つ、友達を待つ、ただ座っている、くつろぐ、気持ちを整える、絵本を読む、お迎えを待つ、保育者と会話を楽しむなど、さまざまな用途に活用しています。

　写真右奥では、高床式ユニット畳の上で子どもがやりとりをしています。決して広い園ではありませんが、空間を工夫して子どもにとって居心地のよい生活環境を整えています。

　116ページの写真は、玄関入り口の様子です。玄関は、保護者も子どもも荷物を置いて仕度や作業をする場所ですが、床に荷物を置いて作業をすると荷物がまとまらない、ほかの子どもの荷物と間違える、紛失する、入れ忘れる等のトラブルが生じやすくなります。作業台にもなり、座ることもできるベンチやいすを設置することで、玄関入り口の動線によい変化が生まれます。

**6**

環境

玄関に続くスペースを生活の空間として活用しています。

## 個人情報の管理を意識できていますか？

デジタル機器を毎日使用し、子どもの記録を作成しています。

### □ 連絡帳を開いたまま、置きっぱなしにしていませんか？

　保育者は、毎日子どもの連絡帳等の記録を作成します。連絡帳をはじめ、子どもの名前が書かれているものはすべて個人情報です。

　個人情報の管理については各園でルールが定められていることでしょう。連絡帳などを保育室のテーブルに開いたまま、置きっぱなしにしていないでしょうか。たとえわずかな時間であっても、席を外す際には連絡帳は閉じる、伏せる、しまうなどの配慮をしましょう。

### □ パソコンから離れるときは画面を閉じていますか？

　近頃は、パソコンで情報や記録を管理することが増えています。パソコンを使用中にパソコンから一時離れる際、画面を開いたままその場を離れていないでしょうか。パソコンには、子どもの個人情報が記録されているわけですから、不特定多数の人に個人情報を見られてしまう可能性があります。

　パソコンから離れる場合は、ファイルを閉じる、パソコンを閉じるなどの配慮が求められます。

### □ 子どもの名前・顔写真などを管理していますか？

　子どもの名前が書かれているものや顔写真が貼られているものは、個人情報と考えられます。

　たとえば、子どもの靴箱は誰もが使用する玄関に置かれているのがほとんどですが、子どもが自分で靴の管理ができるよう、目印として名前や顔写真が貼ってあることがあります。それらの目印は、子どもや保育者、保護者にはわかるけれど、第三者からはわかりにくいような場所に貼るなど、不特定多数の人の目に触れないような配慮が必要です。

**6**

環境

## パソコンの画面が他者の目に触れないようにする

　パソコンやタブレット端末、デジタルカメラなどには、画像や動画も入っています。職員室内の決められた場所に保管場所を定め、職員室内にあっても、使用しないときはほかの人から画面が見えないようにします。

　保育室内で個人情報にかかわる作業を行う場合は、パソコンの画面が人目に触れない場所（たとえば後ろは壁にするなど）で行います。

保育室内でパソコンを開くときは画面が他者から見えない位置に座ります。

## パソコンやタブレットは保管場所を定めて管理する

　ある園では、各職員に記録用タブレット端末が支給されています。個人情報を管理する目的から、タブレットは職員室で一括管理しています。

　職員は出勤後、職員室で事務連絡などの確認を行い、タブレットを携帯して保育室に行きます。その際に、職員室にあるノートやホワイトボードなどに携帯するタブレットの番号を記録します。そして、保育終了後にタブレットを返却し、充電します。さらに返却記録を残します。

　職員室で一括して端末を管理することで、置き忘れや紛失、充電忘れの防止につながり、いつでも皆が気持ちよく使用できます。

## 大勢の目に触れないところに顔写真を貼る

　通常、子どもの靴箱がある玄関は、多くの人が出入りをします。そこに子どもの名前や顔写真が貼ってあると、多くの人に名前と顔を知られることになります。

　そこで、ある園ではマーク（この園では顔写真）の場所を工夫し、靴を置くと隠せる場所に顔写真を貼ることにしました（写真①）。自分の靴の場所が子どもにだけにわかるようになっています。この方法で靴の入れ間違いも減少しました。

## 正面から見えない位置に名前シールを貼る

　下の写真（写真②）では、靴入れの右の内側に子どもの名前のシールを貼っています。

　靴入れの正面に子どもの名前のシールを貼らなかったのは、玄関という不特定多数の人が出入りする場所において個人情報を保護することにもつながっています。

　「前からこの方法だから」「こうするのが当たり前だから」という思考では気づけない、「子どもにとって」を考えたアイデアです。

写真① 靴箱の中に顔写真が貼ってあるので、靴を置くと隠すことができます。

写真② 正面から見えない位置に名前が貼ってあります。

6

環境

## 一人の人として子どもに かかわっていますか？

幼児クラスでブロック遊びが広がり、作品を壊したくないという意見と使いたのに使えないという意見がありました。

### □ 「子どもだから」「小さいから」「赤ちゃんだから」と思っていませんか？

「子どもだから」大人の都合でかかわってよいのでしょうか。その子は「小さいから」何もできないのでしょうか。「赤ちゃんだから」何もわからないのでしょうか。

たとえ乳児であっても大人と同じ人間です。子どもはまだ人生経験が多くありませんし、発達も途中段階にあるため、大人と全く同じことができるわけではありません。しかし、子どもも一人の人間です。人間として、子どもの意思や考えに耳を傾けるように心掛け、その子にとって最もよいと考えられるかかわりをしましょう。

### □ 子どもの意思を尊重してかかわろうとしていますか？

子どものことなのに、「こうであろう」という予測のもとに大人が物事を決めることがあります。しかし、子どもにかかわることは、子どもに相談したり、子どもと一緒に考えて決めながら進めていく配慮が必要です。

園は、子どもが生活をする場所です。子どもにかかわることは子どもに尋ね、保育者は子どもから教わるという姿勢を心掛けたいです。子どもが自分たちで決めたことは、納得していますから実践しやすいですし、主体的・自主的に活動できます。

**7**

基本のおさらい

## 子どもと相談しながらルールを決めていく

　ある園の幼児クラスでは、子どもたちから「できあがったブロックを飾りたい」という意見と、「ブロックを使いたいから遊び終わったら分解してほしい」という意見が出ました。保育者にも思いがありましたが、子どもたちの遊びにについての意見なので、保育者は子どもの声を聞いて、クラス皆で相談することにしました。

　相談の結果、「期間を決めて展示し、期間が過ぎたら分解して戻す」という意見に皆が納得し、展示場所も子どもたちが決めました。その後も、子どもたちはルールを守って遊んでいます。

## 低年齢児にも意思のある人間として接する

　小さいからまだできない、小さいから大人がやってあげるという意識をもっていると、子どもが本来もっている「育とうとする姿勢」を奪ってしまいます。

　"小さいからできない"と、保育者が一方的な判断するのではなく、小さくても一人の意思ある人間であり、それぞれが考えや思いをもっているという気持ちでかかわると、子どももそれに応えようとします。人として尊重してかかわることが大事です。

保育者が「エプロンをしまいましょうね」と伝えると自分で片づけようとします。

## いざこざが起こったときは「子どもがどうしたいか」に耳を傾ける

　園生活では、使っていたおもちゃをほかの子どもに取られてしまうような状況があります。いざこざが始まる様子を近くで見ていた保育者は、その場を収めることもできます。しかし、それでは子ども同士が納得いきません。保育者はお互いの言い分に耳を傾け、お互いがどうしたいのかをじっくり聞き、伝えていきます。

　子どもたちの喧嘩ですから、子どもたちがどうしたいのかが大事なのです。

子どもたちのいざこざは、お互いの言い分に耳を傾けます。

## 原因を探るよりありのまま受け止める

　3歳児クラスのAちゃんは午睡前に必ず大泣きをします。保育者は原因を探っていますが、まだ見つけることができません。大きな声で泣くので、他の子どもたちは眠れないだろうと思っていました。そこで、ほかの子どもたちに尋ねてみたところ、子どもたちはAちゃんをAちゃんとして認めており、Aちゃんをうるさいとは感じていないことがわかりました。むしろ、保育者のAちゃんへの対応の様子を観察していることがわかりました。保育者がAちゃんが泣いていることをありのまま受け止めるようになると、Aちゃんも徐々に泣くことが減っていきました。

## 子どもの人格を否定したり、 比較や差別をしていませんか？

ブロックに夢中な2人の女児。レゴブロックで街づくりをしています。

## ☐ 子どもの人格を否定していませんか？

　人格の否定とは、その人の性格や本質的な部分を否定するようなことを指します。たとえば、「頭が悪い」「性格が悪い」「育ちが悪い」などと言う、生まれながらにもつ身体的特徴を否定する、「ばか！　そんなこともわからないの？」「ひとり親だから○○ができない」「親が○○の仕事をしているから○○ができない」「積極性がないから何もできない」などと言う、ふざけて子どもの真似をする、などです。

　自分が言われたらうれしくない内容ばかりです。そのように感じることは、子どもに対して言ってはいけません。

## ☐ 子どもの家庭環境に配慮してかかわっていますか？

　さまざまな家庭環境の子どもがいます。子どもたちはみな一生懸命生きようとしています。子どもがよりよく育つために家庭環境に配慮したかかわりを心掛ける必要があります。

## ☐ 比較・差別をしていませんか？

　早い・遅い、できる・できないなどと、子どもたちを比較していないでしょうか。

　男の子と女の子で対応を変える、○○ちゃんはかわいいからいつも優しく接する、○○ちゃんは○○があるからできないなどと、子どもたちを差別していませんか。

　子どもに限らず、人間は一人ひとり異なる存在です。比較や差別をすることより、一人ひとりの育ちを大切にしていきたいものです。あなたは比較や差別をされてうれしいでしょうか。

**7**

基本のおさらい

# 自分にとってうれしいとらえ方をする

　興味や遊びに性別は関係ありません。無意識に、女の子だから○○で遊ぶはず、と思っているかもしれません。また、保育者が対応に苦慮しているという理由だけで、「気になる子」と決めつけてしまうこともあります。しかし、まずは「○○ちゃんは△△に興味がある」「○○ちゃんは□□なことをする」と、子どものありのままの姿をとらえましょう。

　下の写真には、これから眠ろうとしている4人の子どもが写っています。一人でゴロゴロする子、絵本をそばに置いて眠りに向かう子、保育者に撫でてもらう子、ぬいぐるみと一緒に寝る子など、さまざまです。担任の保育者は、それぞれの入眠スタイルを認め、受け入れ、理解しています。

　ぬいぐるみがないと寝られない子に対して、「一人で寝られない子は赤ちゃん」「寝られない子は赤ちゃんのお部屋に行きます」などと言うのは、その子の人格否定につながります。ぬいぐるみがあると寝られるなら、「安心して寝られるお人形があってよかったね」という言葉をかけてもらえると、子どもも安心して寝られるでしょう。自分が不快と感じるとらえ方や行為、言葉かけは、子どもに対しても行いません。

安心して眠れるような
言葉をかけます。

# 「できた」を感じられる工夫をする

保育では、子どもの育ちを保障すること、子どもがもつ可能性を引き出すこと、子どもの自立を援助すること等が求められます。

大勢の子どもとかかわっていると、子どもを「できる」「できない」で見極めてしまいそうになることがあります。それは、子どもにとって残念なことです。比較をしても子どもの成長は保障されません。比較をするより、一人でも多くの子どもが「できた」と感じられる経験を提供できる環境づくりをしていきましょう。

ある園では、「包む」「結ぶ」を経験するために、ランチョンマットをバンダナで包み、バンダナを結んで持ち帰ります。保育者はその方法を実演して示しますが、結び方を覚えるタイミングは子どもによって異なります。そこで、下のようなシートを作成し、子どもが見やすい場所に掲示しました。

すると、結び方がわからない子はこのシートを見ながらバンダナ結びに挑戦します。結ぶことが苦手な子には、結べる子が手伝いをし、助け合う姿も見られるようになりました。

「できる」「できない」の比較ではなく、皆ができるようになるための支援の工夫が子どもの育ちを支えるのです。

バンダナの結び方を
写真で示しました。

## 子どもの自己肯定感を育む
## かかわりをしていますか？

手洗いコーナーで順番を待っていた1歳児。大好きな保育者を見つけ、思わず駆け寄っていきました。

## ☐ 子どものありのままを認めていますか？

　自己肯定感とは、ありのままの自分を認めていくことです。自分と他人を比較したり、自分の悪いことばかりを気にして自信を失うのではなく、私は私、私はこのままでよいのだという意識をもつことです。

　子どもの自己肯定感を育むには、まず、不安があるとしがみつける他者が日常的にそばにいること（アタッチメントの形成）が必要です。不安や欲求不満があるとき、常にその人にしがみつける経験の繰り返しで、子どもの心の中にその人への信頼感が育ちます。そして、やがて他者への信頼感（基本的信頼感）が身についてきます。また、自分は無条件でありのまま愛されているのだという感覚をもつようになります。

　私たち大人が日常的に、子どものありのままを認め、受け止めていくことで、子どももありのままの自分が好きになるのです。

## ☐ よいところ探しが得意ですか？

　あなた自身の自己肯定感が高いと子どもの自己肯定感を育みやすいかもしれません。あなたは自分が好きですか。自分のよいところをすぐに思いつきますか。

　日々のささやかなことを肯定的にとらえる習慣を心がけてみましょう。あなた自身が物事を肯定的にとらえ、よいところを探すことが得意になると、子どもを見る眼差しも肯定的になります。保育者の眼差しや対応が肯定的になると、子どもは安心して生活でき、自分に自信をもち、自己肯定感が高められるでしょう。

# 子どもの気持ちに応えて笑顔で抱きしめる

　132ページの写真は、ベンチに座り手を洗う順番を待っていた1歳児が、大好きな保育者を見つけて思わず駆け寄っていく光景です。すべきことだけにとらわれ、子どもの気持ちを理解しようとする意識がないと「来ちゃダメ！」「座っていなさい」「今は手を洗うんでしょ。ちゃんと並んで」などと言ってしまいそうです。

　しかし、この写真の保育者は、子どもに気づくと立ち止まり、しゃがんで両腕を広げ「○○ちゃん」と名前を呼びながら子どもを抱きしめました。保育者に抱きしめてもらい、子どもは安心し、気持ちが満たされた様子です。再び手洗いコーナーに戻り、順番を待ち始めました。自己肯定感を育むための根底には、安心や愛着があるのです。

# 子どもの「できた」を増やす環境構成にする

　園の絵本棚にぎっしり絵本が詰まっていませんか。その環境では、絵本を取り出すことはできても子どもだけでは元に戻しにくいため、結果として、絵本がそのまま棚の上や床に置かれてしまったり、棚の中のほかの絵本の上に重ねて置かれることになります。

　そして、保育者が毎日片づけをすることになり、「読んだ人は元に戻しましょう」「片づけなさい」と繰り返し言うことにつながります。それでは子どもは「絵本は好きだけれど、いつも先生に注意される」と感じてしまいますし、片づけが身につきません。

　そこで、絵本棚の環境を変えました。表紙を見せて立てて収納する方法と、絵本に数字をつけて、その数字の書いてある本棚へ入れてもらう方法です（次ページ写真）。この環境に変えたことで、子どもは「できた」「自分で片づけられた」という経験ができるようになりました。保育者のアイデアで、子どもの「自分でできる」がまた一つ増えたのです。

　保育者のちょっとした発想から子どものよいところはどんどん増えます。子どもの自己肯定感を育むためには、環境構成の工夫も必要です。

表紙が見えるようにして立てて置きます。

絵本に書いてある数字の場所にしまえるようにしています。

# 泣いている子どもをありのまま受け止める

　保育室に子どもたちになじみのない大人が入ってきた際、子どもたちが避難するように保育者の周りに集まりました。そっと後ろに下がる子、大泣きしながら急ぐように保育者に抱きつく子、保育者に手の届く場所まで移動して再び遊びだす子もいました。

　保育者が子どもたちに温かい眼差しを向けて、「そうよね。驚くわよね」「抱っこしようね」「○○ちゃんも来たのね」と受けると、子どもたちは安心し、落ち着きました。子どものありのままを受け止めれば、「泣かないの！」とは言いませんよね。

子どもの様子も気持ちも
無条件で受け入れます。

## 「ねばならない」に
## とらわれすぎていませんか？

午睡をしている子、していない子がいます。

## ☐ 満足するのは誰ですか？

「ねばならない」「〜べき」「こうあるはず」という発想の主人公は誰でしょうか。そうすることによって安心するのは誰なのか、考えたことがあるでしょうか。そうしなければならない理由を説明できるでしょうか。

もし、保育者の一方的な都合でそのように思っているなら、あなたは子どもを「家来」にしようとしているのかもしれません。子どもはあなたの家来ではありません。子どもは一人の意思ある人間であることを常に心掛けていきたいものです。

## ☐ 考え方に幅とゆとりと柔軟性がありますか？

「ねばならない」「〜べき」という考えは、無意識の中にもあります。

たとえば、絵は画用紙1枚で描くと思い込んでいる場合、子どもが「先生、1枚じゃ小さくて描ききれないからもっとちょうだい」と、画用紙をもらいに来たら、「もう少し小さく描いて。1枚で描けるようにしてね」と言ってしまうかもしれません。それでは、子どもの描く意欲を潰してしまいます。

自分の「ねばならない」「〜べき」とは異なる意見や考えと出会ったとき、「なるほど、そのような考え方もあるのか」と、異なる考えを受け入れるゆとりと柔軟性がもてるとよいですね。

## ☐ 子ども本来の姿を見失っていませんか？

「ねばならない」「〜べき」「こうあるはず」といった意識が強いと、保育者がすべき事柄にばかり気を取られがちです。それでは保育というよりも作業になってしまいそうです。

一生懸命になるあまり、気持ちにゆとりがなくなります。子ども本来の姿を見失い、子どもに無理をさせてしまうかもしれません。子どものことは子どもにも尋ねたり相談をしたりしてみましょう。

**7**

基本のおさらい

# 主語を「子ども」にして考える

全員が同じことをすべき、絵は画用紙1枚に収めるべき、全員そろってトイレに行くべき……。このように考えるとき、主語が「保育者」になっているかもしれません。保育場面では、主語を「子ども」にします。

子どもは全員一緒に同じことをしたいと思っているのか、子どもは絵を画用紙1枚に収めたいと思っているのか、子どもは全員一緒にトイレに行きたいのか……と考えていくと、子どもたちが本当はどうしたいのかが見えてきそうです。

# 子どもの興味や育ちから遊びを見る

子どもの遊びを見ていると、その道具はそのように使うものではない、その柵はくぐるべきではない、危ないから走りながら車（フィールドカート）を押すべきではない、などと、大人の感覚で考え、つい、その価値判断を子どもに押し付けてしまいがちです。

しかし、子どもの興味や育ちをふまえて遊びを見ると、「ねばならない」「～べき」といった発想が消えていきます。「あそこをくぐって、車ごと通れるか試してみているようだ」「車を押して○○をしているようだ」と、子どもを主体とした考え方ができるようになります。

車を押して、柵をくぐることができました。
保育者はその様子を見守ります。

# 子どもからの提案に保育者も賛同する

　ある園では、普段は保育室内で給食を食べるのですが、暖かい日に4歳の女の子から「今日は外で食べようよ！」と提案があり、ほかの子も「いいねぇ」と賛同し、外のデッキで食べることになりました。机やいすも自分たちで運んで、食べる準備を整えました。室内で食べたい子も二人ほどいたので、その子たちは室内で食べました。

　その日は土曜保育で、幼児クラスが10名もいない状況で小回りがきいたということもあったようですが、「給食は室内でみんなで食べるべき」という考えにとらわれなかったことで子どもの提案を実現することができました。

暖かい日に外のデッキで給食を食べました。

# チームで保育をするために
# 必要なこと

　保育では複数の子どもに複数の保育者がかかわります。チームで自信をもってよりよい保育をするための工夫を紹介します。

## 園全体でかかわる

　保育者一人ひとりが子どもへのよりよいかかわりを意識してそのための努力を重ねることは、保育者の質向上のためにとても大切です。しかし、園での保育は保育者一人だけで行うものではありません。保護者への対応や書類の作成など、子どもと直接かかわらない業務があり、その間は別の保育者が保育を行っています。ですから、せっかく一人の保育者が志を高くもって保育をしていても、それを継続するには、園全体で共通意識をもつことが求められます。

　また、園に通う子どもたちは、保育者が個人でお預かりしているのではありません。園でお預かりし、ご縁あって皆さんが主に担当（担任）しているのです。そうであるならば、担任保育者を中心に、園全体が子どもの居場所となり、皆で子どもの育ちに携わるという意識が必要です。

　さらに、子どもは、保育者同士が支えあい、協力して仕事をしている姿を見ることで、「人は支えあって生きていってもいいのだ」と学ぶでしょう。

保育者も支え合います。

## 視覚で伝える、共有する

　複数の職員がかかわるなかで、皆が「不適切な保育」にならない、よりよい保育を目指すためには、直接言葉で伝え合ったり確認し合うほかにも、視覚で伝えていく方法もあります。

ある園では、下の写真のようなリングで留めたカードを保育室や休憩室、事務所などの保育者がすぐ確認できる場所に下げています。カードには、「手をつないでいる？　それとも子どもに急がせている？」「泣いて口を開けている子どもの口に食べ物を入れていませんか？」と、自分の保育を振り返る問いかけが書かれ、折り紙でつくられたイラストも載っています。リングには数枚のカードが綴られていて、次のカードをめくると新たな問いかけが現れます。保育者が身近に確認できる場所にこのカードがあることで、全職員の目に触れ、各自が自分の保育を振り返ることができます。また、お互いにカードを指してアドバイスをすることもできます。

横10センチ、縦15センチほどの大きさです。

　下の写真は、「本日の一句」として、保育のなかで意識したいことや望ましい言葉を川柳として掲示している園の例です。川柳は肯定的な言葉で作成されています。

子どもの世話をしながら確認できる場所に掲示されています。

さらに、肯定的な言葉や望ましいかかわりをゲーム感覚で伝えるアイデアとして、「くじ引き」を取り入れている園もあります。

　こちらはミルクの空き缶を利用して、疲れを感じたり、気持ちにゆとりがなくなったときなどに、気分転換としてくじ引きを利用しています。缶の表面には、「笑えるものを見て思いっきり笑って発散してみよう」「生き物の世話をして癒されよう」と、保育者に向けたメッセージも書かれています。飽きないよう、札を複数準備しておくのがよいでしょう。くじ引きのメッセージを読み、気持ちにゆとりを取り戻すことで、再び保育をすることができます。

ミルクの空き缶に肯定的なかかわり方が書かれた札が入っています。

## 保育者の人間関係も意識する

　もし、園のなかに大人（職員）の不協和音があるとき、その悪い雰囲気や職員同士のよくない関係は、子どもに伝わります。

　人は一人ひとり異なる生き物ですので、違いだらけです。そのため、人が集まればさまざまなことが起こります。子どもの生活の場である保育という環境においては、大人同士が傷つけあうようなことは避けたいものです。それは、間接的に子どもの人権を侵害していることにつながります。子どもの人権を保障するためには、何でも話し合ったり、アドバイスし合えるような風通しのよい職場環境にしていく専門職としての努力が必要です。

　そのためには、次のことを心掛けます。

● よいところ探しが得意になろう

　自分、職員、子どものよいところ探しが得意だと、伝える言葉もプラスの言葉になり、よりよい環境づくりにつながります。物事を肯定的にとらえることにもつながりますね。

● 笑顔でアドバイスしあう関係になる（専門職としてスキルアップを目指したアドバイスをする）

お互いのよさが活かせる保育を相談しています。

　職員同士が陰口や悪口を言い合うことは避けましょう。それらは争いを生むだけで、よい結果をもたらしません。伝えたいことは本人に直接伝えましょう。アドバイスですから伝え方にも配慮をしましょう（例：「私は○○だと思います」「子どもが驚いているのでもう少し小さい声でも聞こえるようです」など）。

● アドバイスを聞き入れる気持ちをもつ

　保育中、自分では気づかずに行っているかかわりもあります。アドバイスしてくれる仲間がいることは、もしかすると無意識に行っている不適切なかかわりに気づける機会になることもあります。自身のスキルアップのためにも、アドバイスを聞き入れる気持ちをもちましょう。

● チームで子どもを育てる意識をもつ（連携を心がける）

　保育者一人で長時間複数の子どもを保育することには限界があると思います。子どもは好奇心旺盛です。担任や担当保育者を中心に、職員皆で子どもを育てる意識をもちましょう。職員の安心は子どもにも伝わります。

● それぞれの立場の役割を理解し、自覚し、実践する

　連携して保育を行うためには、それぞれの立場の役割を理解し、自覚し、実践していることが必要です。そして、お互いに認めあうことです。今一度各自の役割を確認しましょう。

● 管理職は職員を大事にすることも心掛ける

　管理職が職員を大切にすると、職員は子どもを大切にします。そして、子どもは友達を大切にするでしょう。

● 職員の言葉（意見）にも耳を傾ける（特に管理職）

　職員の言葉や意見を聞かずに過ごしていると、やがて職員は「園長先生（主任の先生）はどうせ話を聞いてくれないし、意見も聞いてくれないから」と、相談することをあきらめてしまいます。管理職と保育者との意思疎通が図れないと組織が崩れてしまいます。保育者の意見に耳を傾け、意思疎通が図れると、職員も管理職を信頼し、働きやすい組織づくりにつながるでしょう。

● 一度決めたらあきらめないで実践し続ける

　決めたことはあきらめずに継続しましょう。時間はかかるかもしれませんが、子どもにとって望ましいことをしていると、子どもの姿が変わり、ともに実践する仲間が増えてきます。

子どもが安心して過ごせるためには、大人同士の風通しがよいことが必須です。
よりよい子どもの育ちはあなたのかかわりから始まっています。

　保育者として知っておきたい知識として、子どもの権利条約と児童福祉法を紹介します。子ども主体で考えるときに立ち返ってほしい内容です。

　1章では、「保育所等における虐待等の防止及び発生時の対応等に関するガイドライン」（こども家庭庁2023年5月）を紹介し、子どもへの虐待や不適切な保育の定義について解説しました。職員皆が保育に必要な基本的情報を知り、共有することは、不適切なかかわりのない保育を目指すための第一歩となるでしょう。

　ここでは、保育を行ううえで知っておきたい知識を紹介します。

## 子どもの権利

　児童の権利に関する条約(子どもの権利条約)は、世界中のすべての子どもたちがもっている「権利」について定めた条約（子どもが子どもらしく生きるための権利）です。

　18歳未満の児童（子ども）を権利をもつ主体と位置づけ、大人と同じように、子どもを一人の人間として人権を認め、成長過程において特別な保護や配慮が必要な子どもへの権利も定めています。

　条約は前文と本文54条から成っています。子どもの生存、発達、保護、参加という全体的な権利を実現・確保するために必要となる具体的な事項を定めています。

　1989年の第44回国連総会において採択され、1990年に発効しました（日本は1994年に批准）。近頃、子どもの権利という言葉を日常的に耳にするようになりました。実は、日本としては、1994年から取り組んでいます。

　次に、子どもの権利条約の40条の項目を紹介します。

① 子どもの定義　② 差別の禁止　③ 子どもにとってもっともよいことを
④ 国の義務　⑤ 親の指導を尊重　⑥ 生きる権利・育つ権利
⑦ 名前・国籍をもつ権利　⑧ 名前・国籍・家族関係が守られる
⑨ 親と引き離されない権利　⑩ 別々の国にいる親と会える権利
⑪ よその国に連れさられない権利　⑫ 意見を表す権利　⑬ 表現の自由
⑭ 思想・良心・宗教の自由　⑮ 結社・集会の自由
⑯ プライバシー・名誉の保護　⑰ 適切な情報の入手
⑱ 子どもの養育はまず親に責任　⑲ あらゆる暴力からの保護
⑳ 家庭をうばわれた子どもの保護　㉑ 養子縁組　㉒ 難民の子ども
㉓ 障がいのある子ども　㉔ 健康・医療への権利　㉕ 施設に入っている子ども
㉖ 社会保障を受ける権利　㉗ 生活水準の確保　㉘ 教育を受ける権利
㉙ 教育の目的　㉚ 少数民族・先住民の子ども　㉛ 休み、遊ぶ権利
㉜ 経済的搾取・有害な労働からの保護　㉝ 麻薬・覚せい剤などからの保護
㉞ 性的搾取からの保護　㉟ 誘拐・売買からの保護
㊱ あらゆる搾取からの保護　㊲ 拷問・死刑の禁止　㊳ 戦争からの保護
㊴ 被害にあった子どもの回復と社会復帰　㊵ 子どもに関する司法

日本ユニセフ協会抄訳をもとに著者作成。丸囲み数字は条数

また、日本で定められている児童福祉法も紹介します。

第一章　総則
第一条
全て児童は、児童の権利に関する条約の精神にのつとり、適切に養育されること、その生活を保障されること、愛され、保護されること、その心身の健やかな成長及び発達並びにその自立が図られることその他の福祉を等しく保障される権利を有する。
第二条
全て国民は、児童が良好な環境において生まれ、かつ、社会のあらゆる分野において、児童の年齢及び発達の程度に応じて、その意見が尊重され、その最善の利益が優先して考慮され、心身ともに健やかに育成されるよう努めなければならない。
②　児童の保護者は、児童を心身ともに健やかに育成することについて第一義的責任を負う。
③　国及び地方公共団体は、児童の保護者とともに、児童を心身ともに健やかに育成する責任を負う。
第三条
前二条に規定するところは、児童の福祉を保障するための原理であり、この原理は、すべて児童に関する法令の施行にあたつて、常に尊重されなければならない。

　すべての子どもが、子どもの権利条約の内容を保障される権利をもっています。保育者が子どもとかかわるときには、「子どもの最善の利益」を優先し、子どもの心身の成長を支えていきましょう。

# 参考文献・ホームページ

○ 藤永保・斎賀久敬・春日喬・内田伸子『人間発達と初期環境（オンデマンド版）』有斐閣，2005.

○ 鯨岡峻『＜育てられる者＞から＜育てる者＞へ──関係発達の視点から』NHKブックス，2002.

○ ダニエル・スターン，亀井よし子訳『もし、赤ちゃんが日記を書いたら』草思社，1992.

○ D.スターン，岡村佳子訳『母子関係の出発──誕生からの180日（育ちゆく子ども ０才からの心と行動の世界）』サイエンス社，1979.

○ D.W. WINNICOTT，成田善弘・根本眞弓訳『ウィニコット著作集第1巻 赤ん坊と母親』岩崎学術出版，1993.

○ ジョン・ボウルビイ，作田勉監訳『ボウルビイ 母子関係入門』星和書店，1981.

○ J・ボウルビィ，黒田実郎他訳『【新版】愛着行動 母子関係の理論・1』岩崎学術出版，1991.

○ 津守真『子どもの世界をどうみるか──行為とその意味』NHKブックス，1987.

○ 高櫻綾子編著『子どもが育つ遊びと学び──保幼小の連携・接続の指導計画から実践まで』朝倉出版，2019.

○ 柳田めぐみ『多層的なかかわりで子どもたちが落ち着く・まとまる 保育者のための気になる子が複数いるクラスの整え方』中央法規出版，2023.

○ ジェームズ・J・ヘックマン，古草秀子訳『幼児教育の経済学』東洋経済新報社，2015.

○ ポール・タフ，高山真由美訳『私たちは子どもに何ができるのか──非認知能力を育み、格差に挑む』英治出版，2017.

○ 中野光編著『ハンドブック 子どもの権利条約』岩波書店，1996.

○ 福田雅章監，木附千晶著『子どもの力を伸ばす 子どもの権利条約ハンドブック』自由国民社，2016.

○ こども家庭庁「保育所等における虐待等の防止及び発生時の対応等に関するガイドライン」2023.

○ 公益財団法人日本ユニセフ協会「子どもの権利条約」https://www.unicef.or.jp/crc/

○ 公益財団法人日本ユニセフ協会「子どもの権利条約 子ども向けサイト」https://www.unicef.or.jp/crc/kodomo/

## 著者紹介

# 寶川雅子
### (ほうかわまさこ)

鎌倉女子大学短期大学部准教授
専門は保育・子育て支援・乳幼児精神保健。
全国の自治体や団体、法人、施設等にて保育・養育や子どもにかかわる研修を行っている。近頃は、子どもの人権や不適切な保育の防止、保育所の立て直し等にかかわる機会が増加している。
主な著書に、『わかる！安心！自信がもてる！　保育・教育実習完全サポートブック』(中央法規出版)、『改訂２版　実践につなぐ　ことばと保育』(執筆／ひとなる書房)、『実践につながる　新しい乳児保育』(執筆／ミネルヴァ書房)、『子どもの育ちを考える　教育心理学』(執筆／朝倉書店) などがある。

## 写真協力 (五十音順)

社会福祉法人こばと会　こばとナーサリー
社会福祉法人山栄会　企業主導型保育事業　やまゆり保育園
社会福祉法人山栄会　幼保連携型認定こども園　やまゆりこども園
社会福祉法人十間坂保育園　十間坂保育園
社会福祉法人春明会　青葉フレール保育園
社会福祉法人湘南杉の子福祉会　五反田保育園
社会福祉法人誠志の谷戸　北鎌倉保育園　さとの森
社会福祉法人ちとせ会　鶴ヶ峰保育園
社会福祉法人ふたば会　双葉保育園
社会福祉法人松が丘保育園　松が丘保育園
社会福祉法人ル・プリ　かさまの杜保育園
社会福祉法人ル・プリ　杜ちゃいるど園
逗子市立小坪保育園
逗子市立湘南保育園
保土ケ谷区地域子育て支援拠点こっころ
みんくいナーサリー
横浜市井土ヶ谷保育園

言葉かけから環境づくりまで

## 不安を自信に変える　保育のかかわり見直しBOOK

2024年 6月20日　発行

著　　者　　寳川雅子
発 行 者　　荘村明彦
発 行 所　　中央法規出版株式会社
　　　　　　〒110-0016　東京都台東区台東3-29-1　中央法規ビル
　　　　　　TEL 03-6387-3196
　　　　　　https://www.chuohoki.co.jp/

本文・装丁デザイン　　澤田かおり（トシキ・ファーブル）
印刷・製本　　　　　　株式会社ルナテック

定価はカバーに表示してあります。
ISBN978-4-8243-0069-0

本書の内容に関するご質問については、下記URLから「お問い合わせフォーム」にご入力いただきますようお願いいたします。
https://www.chuohoki.co.jp/contact/

A069